KB058075

황교익 맛 칼럼니스트

음식은
어떻게 신화가 되는가

———————

지식너머

들어가며

인간의 기억은 편집된다. 국가나 민족 단위에서 일어나는 집단의 기억도 편집된다. 그 편집된 기억을, 개인의 것은 추억이라 하고 집단의 것은 역사라 한다. 추억과 역사는 과거에 있었던 사실에 대한 설명이 아니라 개인과 집단이 현재의 욕망을 충족시키기 위해 과거의 사실을 호출하여 그럴듯한 이야기를 붙여놓은 것이다. 음식에 대한 추억과 역사를 말한다는 것은 곧 개인과 집단의 음식에 대한 현재적 욕망을 말하는 것이라고 할 수 있다.

욕망은 그 무엇으로도 채울 수 없는 판타지이다. 이 책은 한국인이 한국음식에 붙여둔 판타지를 읽어내는 작업의 결과물이다. 그 작업의 도구로 인문학적 상상력을 동원하였다. 인문학적 상상력이란 인문학적 소양을 바탕으로 한 주제에 대해 "왜?"라는 질문을 끝없이 해대는 일이다. 그 "왜?"라는 질문과 그로 인해 얻어내는 대답이라는 것도 결국은 질문자의 욕망이 투사된 판타지일 뿐이다.

독자들은 이 책을 읽으며 쉼 없이 "왜?"라는 질문을 던져주길 바란다. 일종의 한국음식 판타지 놀이를 한바탕 즐기자는 제안이다. 모쪼록, 이 책에서 즐거움을 얻기 바란다.

2019년 이른 봄에 쓰다

차
례

┐ 3부 ┌

웅녀는
마늘을
먹지 않았다

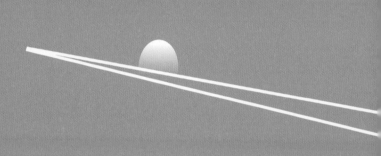

갑과 을의
밥상

떡볶이는

떡볶이가

아니다

떡볶이는 떡을 볶지 않는다. 이름을 제대로 붙이자면 떡매운
탕이나 떡고추장조림이다. 옛 문헌에 등장하는 원래의 떡볶
이는 가래떡을 볶았다. 고기며 채소 등을 넣고 볶았다. 양념
은 간장을 썼다. 설날 음식이었다. 현재의 떡매운탕이나 떡고
추장조림에 떡볶이라는 이름이 붙은 것은 가래떡이 들어가
니 동일 계열의 음식으로 묶으려는 의식이 작동한 결과이다.

떡조림 혹은 떡탕이라 하여야 할 음식

음식 이름을 짓는 데에 대충의 논리는 존재한다. 재료와 조리법을 알 수 있게 한다든지 그 맛을 예측할 수 있게 한다든지 하는 논리이다. 밥을 볶으면 볶음밥이고, 밥을 국에 말면 국밥이다. 이를 맵게 하였으면 매운 볶음밥, 매운 국밥 식이다. 이 작명 논리를 두고 '대충'이라 한 것은 언중은 꼭 이대로 음식 이름을 짓지 않기 때문이다. '기분에 따라' 붙이는 이름도 많다. 닭의 갈비가 없음에도 닭갈비이다. 돼지 등뼈가 월등히 많으며, 심지어 감자 한 알 넣지 않고도 감자탕이다. 언중이 그렇게 부르겠다 하면 그렇게 부르는 것이다. '논리 너머의 작명법'에 논리를 디밀어 따지는 일은 그 작명에 담긴 언중의 심리며 욕망을 읽어낼 때나 하는 것이지 보통의 경우는 그러려니 하며 지내게 마련이다.

떡볶이도 그렇다. 한국인이 먹는 떡볶이는, 그 조리법으로 보자면, 떡볶이가 아니다. 떡을 고추장에 조리거나 냄비에 만두, 어묵, 양배추, 당면 등을 함께 넣고 끓인다. 떡조림 또는 떡탕이다. 물론 서울 통인시장과 금천교시장의 떡볶이나 한정식집에서 내는 이른바 궁중떡볶이는 그 조리법에 '볶는다'가 있으니 떡볶이라는 이름에 어긋남이 없으나, 대부분의 한국인이 즐겨 먹는 떡볶이의 조리법에는 '볶는다'가 없다. 볶지 않아도 언중이 떡볶이라 부르겠다니 그러려니 하며 지내면 된다. 그렇게 지내면 아무 문제가 없을 것인데, 이 떡볶이를 세계인의 입맛에 맞춰 개발하자며 나선 이들에 의해 혼란이 발생하고 말았다.

이명박 정부가 벌였던 한식 세계화의 주요 아이템 중 하나가 떡볶이이다. 외국인들이 떡볶이를 먹으며 "맛있어요" 하기는 하는데, 뭔가 찝찝한 구석이 있음을 우리는 다 안다. '너무 매워하는 것 같단 말이야' 하고 느끼는 것이다.

그러자 요리사들이 나섰다. 심지어, 떡볶이연구소까지 차렸다. 세계인의 입맛에 맞춘 떡볶이를 개발하자! 그렇게 하여 외국인을 위해 매운맛을 없앤 떡볶이를 내놓았다. 크림소스나 토마토소스로 볶는 조리법이 주류였다. 치즈와 프로슈토가 오르기도 하였다. 딱 보기에, 이탈리아의 파스타였다. 거기에 가래떡이 들었을 뿐이었다.

이건 아니다 싶었는지 간장떡볶이를 미는 이들도 있었다. 가래떡에 쇠고기와 채소를 보태고 간장 양념으로 볶는 음식이다. 이를 궁중떡볶이라 했다. 어떻든, 매운맛을 없앤 떡볶이는 수없이 개발되어 여기저기 한식 세계화 행사에 전시되었고, 곧 사라졌다. 물론 퓨전을 표방하는 일부 식당에서 별별스런 떡볶이를 내기는 하나 말 그대로 별스런 일일 뿐이다. 간장떡볶이도 일부 한식당에서 내는데, 한식 세계화 이전에도 있던 것이다.

세계인이 좋아할 떡볶이랍시고 개발을 해놓았는데 외국인은 고사하고 한국인조차 이를 거들떠보지도 않은 것은 개발자들이 떡볶이라는 이름에 집착한 탓이 크다. 음식 이름에 '떡을 볶는다'는 조리법이 담겨 있으니 팬에다 볶아야 한다고 생각하고, 가래떡을 재료로 볶으려니 이와 비슷한 음식인 파스타가 연상되는 것은 당연한 일이다. 그렇게 아무리 해봤자 파스타 조리법에 가래떡을 대체 투입한 요리밖에 되지 못한다. 이미 파스타 조리법이 무궁무진하게 개발되어 있기 때문이다.

떡볶이 계통도는 대충 이러하다

애초 떡볶이는 가래떡에 여러 채소와 고기를 넣고 간장의 양념으로 볶는 음식이었다. 설날 상차림에 오르는 음식이다. 이 떡볶이를 요즘에는 궁중떡볶이라 하는데, 특별히 궁중에서 이를 먹었다는 근거는 없다. 설날 가래떡 전통은 유구한 것이며, 조선에서도 왕가, 양반, 상민 할 것 없이 가래떡과 그 가래떡의 응용 음식인 떡볶이를 두루 먹었다. 조선 왕이 먹은 음식이기만 하면 궁중음식이라 하는 것은 코미디이다. 조선의 왕도 밥을 먹었을 것이니 밥을 지어놓고 '궁중밥'이라 할 것인가.

어른들의 증언에 의하면, 길거리 떡볶이는 한국전쟁 이후에 등장하였다. 전통 떡볶이가 간소화한 것이었다. 번철에 기름을 두르고 간장 양념을 하여 가래떡을 볶았다. 시장 입구에 이런 떡볶이 좌판이 제법 있었다. 여기에 어느 순간 고춧가루가 들어가게 된다. 이 떡볶이는 서울 통인시장 등에 일부 그 흔적이 남아 있다.

가래떡으로 조리하는 전통음식 중에 떡전골이란 게 있다. 가래떡에 여러 채소와 고기를 넣고 끓이는 탕이다. 설날에 먹는 떡국과 그 계통이 같다. 떡전골을 한 그릇에 담으면 떡국이다. 예전에는 떡전골을 떡탕이라 하였고 떡국도 떡탕이라 하였다. 한자로는 餠湯병탕이라 하였다. 현재 한국인이 즐겨 먹는 떡볶이는 이 떡탕의 하나이다. 특히 냄비에 가래떡과 여러 재료를 넣고 끓이는 떡볶이는 떡국과 함께 '가래떡으로 조리하는 탕'이라는 카테고리 안에 넣을 수 있다. 커다란 팬에 고추장으로 양념하여 조리는 떡볶이는 번철 떡볶이와 떡탕의 중간에 있다 할 것이다.

이렇게 계통도를 그리면 한국인의 떡볶이에 대한 기호가 어디에서 비롯한 것인지 분명해진다. 한국인은 '볶은 떡'을 좋아하는 것이 아니다. 떡을 매운 양념에 조리거나 국물이 홍건한 탕으로 먹는 것을 즐긴다. 그냥 매운 양념이 아니다. 달고 맵다. 해산물찜이나 닭강정의 양념 맛과 흡사하다. 이 떡볶이의 양념에 순대, 김밥, 튀김 등을 찍어 먹는다. 떡이 안 들어가도 이 양념만으로 맛있게 먹을 수 있다. 그러니 가래떡에 여러 소스를 버무려 볶는 방식의 '세계화 개발'은 그야말로 허당의 일이다.

떡볶이는 대략 세 종류의 음식을 두루
이르는 말이다. 세 종류의 음식에
그 양이 적든 많든 일단은 가래떡이
들어간다. 조리법에 따라 떡볶이라는
음식을 분류하면, 떡고추장조림과
떡볶이 그리고 떡전골로 나뉜다.
변종인 라볶이는 떡고추장조림과
떡전골의 중간 정도에 있다.
이 세 음식이 얼마나 다른가 하면,
돼지고기고추장조림과 제육볶음과
돼지고기김치찌개만큼 다르다.

떡고추장조림▲　　떡볶이▲

떡전골▼　　라볶이▼

떡볶이 세계화의 속내

쌀로 빚은 가래떡은 조리하여 두면 금방 퍼지거나 굳는다. 그래서 원래의 떡볶이는 가판 음식으로 크게 번질 수가 없었다. 그때그때 조리해야 하는 번거로움이 있기 때문이다. 1960년대에 가래떡에 혁신이 일어난다. 밀가루 가래떡이 만들어진 것이다. 당시 혼분식 장려 정책에 의해 이 밀떡은 외식 시장에 번져나갔다.

밀가루 가래떡은 노화가 더디 진행된다. 가래떡 상태로 장기 보관과 장거리 운송이 가능해진 것이다. 미리 대량으로 조리하여도 쉬 퍼지지 않는다. 떡매운탕이나 떡고추장조림을 미리 조리하여 두고 판매할 수 있게 되었다. 무엇보다 가격이 싸졌다. 한 집단에 대중음식으로 자리를 잡으려면 그 재료가 싼 가격에 안정적으로 공급되어야 하는 것이 필수 조건이다. 현재의 떡볶이가 가판 음식으로 크게 번져나갈 수 있게 된 데에는 밀가루가 일등 공신 역할을 하였다.

떡볶이가 밀가루 덕분에 조리법을 바꾸고 가판 음식으로 번져나갔다 하여도 얼마간은 학교 앞 간식 정도에서 머물렀다. 질 낮은 재료에 미리 조리된 음식 상태 때문에 위생에 문제가 있었다. 1970~80년대 불량식품의 대표였다.

1990년대 들면서 떡볶이가 변신을 시작하였다. 학교 앞에서 떡볶이를 먹었던 세대가 사회생활을 하게 되면서 새로운 수요가 발생한 것이다. 오피스타운과 주택가에도 떡볶이 가게가 섰다. 1997년 IMF 때에 떡볶이는 서민 창업의 인기 아이템으로 부상하였다. 집세와 인건비가 적게 들고 원가가 낮으며 회전율이 높다는 것이 매력적으로 보였다. 떡볶이 프랜차이즈가 이때부터 외식업계에서 한 자리를 차지하게 되었다. 이때까지만 하더라도 떡볶이는 서민 음식, 학생 음식 정도의 이미지만 있었다. 영양의 균형이 좋지 않은 불량식품이라는 이미지도 여전했다. 온 국민이 "떡볶이는 맛있다"라는 생각을 하지는 않았다.

2009년 이명박 정부는 이 떡볶이에 '세계화할 수 있는 한국 대표 음식'이라는 이미지를 붙이는 작업을 하였다. 당시 이명박 정부는 떡볶이를 통해 얻어낼 것이 있었다.

첫째, IMF 이후 늘어나는 떡볶이 점포 수를 보며 이 떡볶이 재료를 쌀로 바꾸면 창고에서 썩어나는 쌀을 웬만큼 처리할 수 있으리라 판단하였다. 당시 국산 쌀은 남아도는데 외국 쌀도 수입해야 하는 형편이었다. 더구나 2000년부터 진행해온 대북 쌀 지원도 끊은 상태였다. 가공용 쌀을 싸게 풀며 떡볶이 붐의 조건을 만들었다.

둘째, 2008년 미국발 세계 금융 위기가 닥쳤다. 제2의 IMF라 하였다. 서민이 힘들어졌다. 정부는 소규모 창업자에 대한 지원에 앞장서는 모양새를 보여야 했다. 떡볶이 프랜차이즈 사업자들과 손을 잡았다. 대규모 떡볶이 페스티벌을 벌였다. 인산인해였다. 효과는 확실하였다. 떡볶이 세계화 정책 시행 1년 만에 떡볶이 프랜차이즈 가맹점 수가 2배로 증가하였다. 떡볶이는 '서민 경제 살리는 정부'로 포장하기에 적합한 아이템이었다.

셋째, 이명박 정부는 자신의 정부에 애국애족의 이미지를 붙이는 데에 떡볶이를 활용하였다. 한식 세계화 정책의 한 아이템으로 떡볶이를 특히 강하게 밀었다. 외국에 나가 떡볶이를 외국인에게 공짜로 먹이고 '엄지 척'을 하는 장면을 찍어와 국내 온갖 매체를 통하여 돌렸다. 국민의 머릿속에 '우리의 서민 음식인 떡볶이를 전 세계 사람들에게 널리 알리는 애국애족 이명박 정부'라는 이미지를 밀어넣었다. 이 떡볶이 애국애족 마케팅은 국내 떡볶이 시장을 넓히는 데에도 큰 역할을 하였다.

떡볶이 세계화 이후 남은 것은

국가는 국민의 음식에 관여하게 되어 있다. 국민 소득 수준에 맞추어 경제적으로 적절하고 국민의 건강에도 좋은 음식을 지속적으로 공급할 수 있도록 국가는 정책을 입안하고 실천

하여야 한다. 하지만 이때에 하지 말아야 할 것이 있다. 자신의 정치적 이익을 위하여 국민의 의식과 정서를 조작하지는 말아야 한다. 음식은 문화이다. 음식을 문화라고 하는 까닭은 한 집단의 기호 음식에 그 집단 구성원의 정체성이 담겨 있기 때문이다. 우리의 삶을 정치적 조작 대상으로 삼으면 안 되는 것이다. 문화는 정치 위에 있다.

박정희는 음식의 질이 어떠하든 그나마 국민을 굶주리지 않게 하는 일에 집중하였다. 이명박은 음식을 가지고 우리의 의식과 미각을 조작하는 일을 하였다. 그래, 이명박 말대로 – 그는 2017년까지 이루겠다 하였다 – 떡볶이가 세계 5대 음식이 되었는가. 이명박 이후 한국인이면 떡볶이는 당연히 맛있어해야 하는 세계적인 음식이라는 '국민적 공감대' 외에 무엇이 남았나. 남아도는 쌀 문제라도 해결되었을까.

2000년부터 한국 정부는 인도적 차원에서 해마다 40만 톤 정도의 쌀을 북한에 지원하였다. 이명박이 대통령이 되자 이를 중단하였는데, 그렇게 하여 정부 창고에 쌀이 넘치게 되었다. 국가는 쌀을 비축해야 한다. 정부의 적정 비축 물량에서 넘치는 양이 대북 쌀 지원 물량과 비슷하였다. 한국 정부 입장에서는 대북 쌀 지원이 인도적 차원의 일이기도 하였고 국내 쌀 비축 물량을 조절하는 일이기도 하였다. 이명박 정부가 대북 쌀 지원을 중단하자 당장에 쌀값이 급락하였다.

2009년의 적정 비축 물량이 60만~70만 톤 정도인데, 그해 가을에 100만 톤이 넘게 재고가 쌓일 것이라는 당시 정부 자료가 있다.

창고에 쌀을 쌓아두면 적어도 우리가 손해를 보는 것은 아니지 않을까 생각하기 쉬운데, 전혀 그렇지 않다. 쌀 재고는 경제적으로 큰 부담이 된다. 일단은, 쌀값이 떨어져 농민이 힘들어진다. 쌀을 창고에 쌓아놓는 데에도 돈이 든다. 국내산 쌀 10만 톤을 보관하는 데 들어가는 비용이 연간 300억 원 정도이다. 당장에 예전처럼 북한에 해마다 40만 톤을 지원하면 1,200억 원을 아낄 수 있다.

이명박 정부는 북한에 주지 않아 남아도는 쌀을 어떻게 해서든지 처분해야 했다. 쌀 가공 산업에 정책을 집중하였다. 그중에 특히 눈에 띈 것이 떡볶이와 막걸리였다. 정부 재고 쌀을 가공업체에 값싸게 넘겨서 떡볶이와 막걸리 제조 판매의 이익을 높이고 정부가 나서서 적극적으로 떡볶이와 막걸리를 홍보하였다. 국민에게 무턱대고 떡볶이와 막걸리를 먹자고 하면 잘 안 먹힐 것이니 한식 세계화 품목에 넣었다. "외국인들도 맛있게 먹는 떡볶이와 막걸리이니 국민 여러분들도 사랑해주세요" 전략이었다. 한식 세계화 예산의 많은 부분이 국내 홍보비로 쓰였던 이유이다.

국민이 떡볶이와 막걸리를 먹는 양에도 한계가 있다.

정부 창고에 쌀 재고량은 계속 늘어났다. 2016년부터 너무 오래된 쌀은 가축 사료로 쓰고 있다. 농식품부 자료에 따르면 2016년부터 3년간 쌀 사료용 판매에 따른 손실액이 1조 6,352억 원이며 사료로 판매하기까지 재고 관리에 들어간 비용만 2,406억 원이다. 우리 쌀로 떡볶이와 막걸리를 만들어 세계인들에게 먹일 수 있다는 '호들갑'은 정부 창고에서 썩어나는 쌀 문제를 숨기는 노릇도 하였다.

이명박 정부가 국민이 모르게 숨긴 게 또 하나 있다. 떡볶이 쌀의 원산지이다. 음식점에서 파는 떡볶이의 경우, 그 쌀의 원산지를 표시할 의무가 없다. 쌀로 한 음식인 밥, 누룽지, 죽은 원산지를 표시해야 하는데 떡볶이는 원산지 표시 의무 품목에서 제외되었다. 이명박 정부 때에 만든 규정이다. 수입 쌀로 만든 떡볶이를 숨기기 위한 술수였다. 언론 보도에 의하면 음식점에서 팔리고 있는 쌀 떡볶이의 원료는 대부분 수입 쌀이다. 국내산 쌀 소비를 늘리고 그 가공품까지 수출하겠다는 떡볶이 세계화 정책이 국민을 우롱한 일임을 이 사실 하나만으로도 충분히 알 수 있다.

치느님
치느님

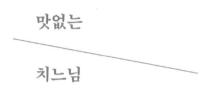

맛없는
_____

치느님

치킨이라 하면 안 된다. 치느님이다. 사모하고 존경하는 님이
다. 치느님을 맛없다 하면 적잖이 놀란다. 눈을 커다랗게 뜨
고 "왜요? 왜요?" 하고 되묻는데, 혹 한국인이 아닌지 '민증'
이라도 까서 보자고 할 태세이다. 외국인도 한국 치킨에 빠졌
다 하는데 말이다.

치느님 덕에 출연 섭외를 참 많이 받았다. 특히 TV 드라
마 '별에서 온 그대'로 인해 중국에서 '치맥'이 떴다는 보도가

1부 갑과 을의 밥상

잇따르고 있었을 때는 하루가 멀다 하고 방송작가의 전화를 받아야 했다. 어떤 내용의 방송인지, 내가 나가서 어떤 이야기를 해야 하는지 미리 물어보게 마련인데, 대화는 보통 이런 식으로 전개되었다.

나 : 치킨, 맛없어요.

작가 : 에이, 사람들이 다 맛있다고 하잖아요.

나 : 맛있다고 생각하는 거지, 맛있는 것은 아니에요.

작가 : 그게 그거잖아요. 맛있다고 생각하면 맛있는 거지.

나 : 맛없는데도 맛있다고 스스로 최면을 걸고 있는 거예요.

작가 : 그런 게 어디 있어요. 맛있으니까 맛있다 생각하죠.

나 : 인간은 자신에게 많이 주어진 것을 맛있다고 생각하게 되어 있어요. 그게 맛있든 맛없든.

작가 : 맛있으니까 많이 찾는 것이잖아요.

나 : 그럼 쇠고기를 더 많이 찾아야 하고 치킨집처럼 등심구이집이 프랜차이즈로 쫘악 번져야겠지요.

작가 : 그래도….

나 : 나는 방송 나가 치킨 맛없다 할 것이니 제작진 의도와는 맞지 않을 것입니다. 그러니 다른 분을 찾아보세요.

작가 : 다음에 연락할게요.

방송 제작진은 대체로 치킨은 맛있다는 '지고지순한 진리'를 건들면 안 된다고 여긴다. 제작진이 치느님을 강렬히 따르기 때문은 아니다. 이야기를 나누다보면 "저도 치킨이 맛있는 음식이라고는 생각하지 않아요" 하는 작가도 물론 있다. 그렇다고 그 내용으로 방송에 나갈 수는 없다. 시청자의 심기를 건드리기 때문이다. 시청자가 보고 듣기에 불편한 내용이면 채널이 돌아가니 시청률이 떨어지는 방송을 할 수 없다. 방송에서 "치킨은 맛없는 음식입니다" 하면 안 되는 것이다.

많이 주어진 음식이 왜 맛있을까

한국인이 치킨을 맛있다고 생각하는 것은 한국인 개개인이 저마다의 독립된 기호를 바탕으로 치킨 맛을 판단한 결과이고, 그 낱낱의 기호가 집합을 이루어 '한국인은 치킨을 좋아한다'는 집단의 기호를 형성하고 있다고 보는 것은, 참으로 순박한 일이다. 집단이 처해 있는 먹을거리 확보 사정이 개개인의 기호를 결정한다고 보는 것이 맞다.

인간 집단이 어떤 음식을 맛있다고 생각할 것인지 판단하는 데 영향을 주는 여러 요소 중 하나가 '집단의 구성원에게 넉넉하게 주어질 수 있는 음식인가' 하는 것이다. 인간은 그 소속 집단에게 많이 주어진 음식을 맛있다고 생각하게 되어 있다. 이는 인간의 안정 욕구와 관련이 있다.(고교 사회 시간에 배운 매슬로의 '욕구 단계설'을 떠올려보시길 바란다.) 많이 주어진 음식을 맛없다고 생각하면 자신이 속한 집단이 큰 혼란에 빠질 수 있다.

'많이 주어진'이라는 조건은 그 집단이 처한 자연과 사회·경제적 여건 등에 의해 결정된다. 예를 들면 한국인은 오래도록 빵이 아니라 밥을 맛있다고 생각해왔다. 한국인이 선천적으로 밥을 맛있다고 생각하게끔 태어난 것은 아닐 터인데 말이다. 한반도의 자연은 몬순기후로 밀농사보다 벼농사에 유리하다. 값싼 밀이 수입되어도 국내산 쌀을 사 먹을 만큼은 경제적 여유가 있다. 한반도에서는 밥을 먹기에 적절하니 밥이 맛있는 것이다.

치킨은 보수이다

한국인의 다수가 "치킨은 맛없으니 맛있는 쇠고기를 넉넉하게 달라"고 요구한다면 한국 사회는 어떻게 될까.

1~2만 원이면 한 가족이 오붓하게 치킨이라는 고기를 뜯을 수 있다. 이는 값싼 수입 곡물과 공장식 대량 사육의 결과로 얻은 것이다. 돼지며 소의 사육도 이와 크게 다르지 않지만, 사료 투입량 대비 증체량에서 닭이 최고로 우등하고 그

래서 닭이 제일 싸다. 돼지며 소의 고기를 닭고기 가격으로 떨어뜨리는 것은 불가능하다. 내 앞에 놓인 치킨을 쇠고기로 바꾸려면 수입을 왕창 늘리거나 현재의 수입에서 음식 비용을 더 넉넉하게 빼내는 방법밖에 없다.

자본주의 사회이니 각 개인이 열심히 노력하면 내 앞의 치킨을 쇠고기로 바꿀 수 있다. 그러나 개인이 아무리 노력해도 내 몫의 치킨이 쇠고기로 바뀌지 않는다는 판단이 서면 자연스레 이 사회의 구조에 대해 문제의식을 가지게 된다. "왜 나는 치킨밖에 못 먹는 거야" 하는 생각이 사회 변혁 의지를 가지게 할 수 있고, 이는 사회적 불안을 야기하는 일로 여겨질 수 있다. 그러니 여기까지 생각이 전개되지 않도록 멈추어야 한다는 욕구가 작동하게 된다. "치킨은 맛있는 음식이야. 한국인이면 당연히 맛있다고 생각해야 해. 외국인들도 한국 치킨을 먹는다잖아, 대한민국 치킨을. 대한민국을 자랑스럽게 생각해야 해." 그러니, 치킨은 보수이다.

세계에서 가장 맛없는 닭으로 튀겨지는 치킨

여기까지 설명을 듣고도 "치킨이 맛있는 것을 내 입이 안다"라고 주장하는 이들이 있기 마련이다. 각자 주장하는 기호는 어쩔 수 없는 일이나, 한국의 치킨이 세계에서 가장 맛없는

　　　　　　　　　　　　　　　1부 갑과 을의 밥상

닭으로 튀겨진다는 사실은 알았으면 한다.

치킨용 닭은 육계肉鷄라 하는데, 그 종은 몇몇 국제적 업체에서 공급하여 '전 세계적으로' 유사하다. 한국은 이 닭들을 30일 즈음에 잡는다. 다른 나라에서는 적어도 45일 이상은 키운다. 닭 한 마리의 평균 크기가 다른 나라는 2.7kg인데 한국은 1.5kg이다. 이건 '영계'가 아니라 병아리이다. 30일짜리 닭의 고기가 부드러워 그때 잡는 것이라는 주장도 있는데, 45일짜리도 충분히 부드럽다. 외국에서 먹은 치킨이 질기다고 생각한 적이 있는가.

닭이든, 어떤 짐승이든 간에 대체로 그 몸이 성체에 이르러야 맛이 난다. 한국의 닭은 맛이 들지 않은 상태에서 잡는다. 닭고기가 맛이 없으니 여러 첨가물의 튀김옷을 입히고 이를 튀겨서는 또 양념으로 범벅을 하여 먹는다. 한국의 치킨은 닭고기 맛으로 먹는 것이 아니라 튀김옷 맛, 기름 맛, 양념 맛으로 먹는다.

한국의 닭이 1.5kg에서 도축되는 데에는 여러 이유가 있는데, 그중 하나가 치킨을 마리로 파는 상술 때문이다. 2.7kg든 1.5kg든 한 마리는 한 마리이다. 굳이 사료를 더 먹여 키울 필요가 없다. 치킨밖에 못 먹는 세상이라 하여도 적어도 세계인이 먹는 치킨 수준 정도는 주어져야 하지 않겠는가 하고 생각하는 것이 인간의 정상적인 사고가 아닐까.

사진의 닭은 제법 건강하게 키우는 편이다. 보통은 이보다 훨씬 더 좁은
계사에서 사육한다. 닭 한 마리가 A4 용지 하나의 면적에서 버틴다. 밀식 사육을
하니 닭은 질병에 약할 수밖에 없고, 그러니 병들기 전에 빨리 잡아야 한다.

떡볶이와 치킨 이야기에 덧붙여

"떡볶이 맛없어요."

"치킨 맛없어요."

이 말을 한 5년 넘게 하였다. 내가 처음 한 대중 강연의 제목이 "당신의 미각을 믿지 마세요"였다. 맛 칼럼니스트로서의 내 역할 중 하나는 대중의 관성화된 미각을 흔드는 것이다. 맛있는 음식을 대중에게 소개하는 것도 내 일이지만 그런 일은 다른 분들도 많이 하고 있으니 나는 '관성화된 미각 흔들기'에 집중하였다.

인간의 감정반응이란 대개 비슷하다. 내가 맛있다고 먹는 음식을 옆에서 맛없다고 하면 기분이 상한다. 나도 그렇다. 기왕에 먹는 것인데 옆에서 맛있다고 해주는 사람이 고맙고 예쁘게 보인다. 그런데, 내 직업상의 역할로는 그런 일을 할 수가 없다. 쉽게 말해 사탕발림을 할 수가 없다. 맛 칼럼니스트도 일종의 비평가이다. 주례사 비평이나 할 수는 없다.

내 말에 상처를 받을 사람들도 있다는 것을 나는 안다. 한국의 경제 상황에서는 떡볶이밖에 먹을 게 없고 치킨밖에 먹을 게 없는 사람들이 많다. 주머니 사정 때문에 그 음식들을 먹을 수밖에 없는데, 내가 내내 맛없다고 하였으니 기분이 크게 상하였을 것이다. 그래서 방송에서 그런 말을 할 때이면 그 뒤에 이 말을 꼭 덧붙였다. "우리가 더 맛있는 음식을 먹자면, 이 사회를 바꾸어야 합니다. 내 앞의 이 음식을 바꾸려면 이 사회를…."

당장에 떡볶이와 치킨을 먹을 수밖에 없는 상황에서 맛있는 떡볶이와 맛있는 치킨을 내는 가게들을 알려주는 게 더 좋은 일일 수도 있다. 이러면 서로 편하다. 그런데 그런 일은 나 말고도 많은 사람이 하고 있다. 내 역할은 '착한 편'이 아니다. 애초에 그런 일을 하려고 맛 칼럼니스트가 된 것도 아니다. 나는 '쓴소리'를 하겠다고 작정하고 이 일을 시작하였다. 나의 '쓴소리'가 향하는 궁극적인 지점은 대중이 아니다. 대중의 귀에 크게 들릴 뿐이다. 한국인이 먹는 음식의 질과 양을 결정하는 자본과 정치권력, 언론이 내 '쓴소리'의 과녁이다.

어떠하든, "떡볶이는 맛없어요", "치킨은 맛없어요"라는 말에 상처를 입은 사람들이 있다면 이 자리를 빌려 용서를 구한다. 앞으로도 계속 이 말들을 할 것인데, 넓은 마음으로 내 직업을 헤아려주었으면 한다. 여러분의 식탁에 더 맛있고 풍성한 음식이 놓이기를 바라 마지않는다.

프라이드치킨이 들어오기 전에 닭을
통째도 튀기거나 구워서 먹었다. 이를
통닭이라 하였다. 이때만 하더라도 닭은
제법 컸고 육향이 있었다. 요즘의 어린
닭으로는 그 맛이 나지 않는다.

한국의 치킨은 대체로 양념치킨이다.
튀기고 나서 다시 양념을 입힌다.
닭고기의 맛이 부실하여도 튀김옷과
양념으로 먹을 만해진다. 세계 여러
나라에서 한국의 치킨이 맛있다고
하는 것은 이 양념 덕이라 할 수
있다. 닭고기의 맛이 비니 양념법이
다양하게 발달한 것이라고 볼 수 있다.

푸드포르노의
시대

10여 년 전에 푸드포르노란 말이 문득 등장하였다. 딱히 어떤 것을 두고 푸드포르노라 하자는 개념을 정하고 등장한 단어는 아니었다. 화면에 음식이 등장하는데 섹스를 연상시키면 푸드포르노라 하기도 하고 섹시한 여자가 음식을 먹는 장면을 두고도 푸드포르노라 불렀다. 요즘은 섹시한 여자가 아니더라도 음식 먹는 장면이기만 하면 푸드포르노이고, 굳이 섹스를 연상시키지 않아도 푸드포르노라는 말을 붙인다. 국제

1부 갑과 을의 밥상

슬로푸드협회 카를로 페트리니 회장은 심지어 "농업에 대해 얘기하지 않고 음식만 이야기하는 것은 푸드포르노"라고 말한다.

포르노는 인간의 성적 행위를 묘사한 소설, 영화, 사진, 그림 따위를 말한다. 포르노는 인간에게 성적 쾌감을 발생시키기 위해 만드는 것이다.(물론 사람에 따라 불쾌감을 느끼는 경우도 허다하지만.) 푸드포르노라는 말에는 성적 쾌감이나 적어도 그와 비슷한 쾌감이 음식을 먹는 행위를 묘사한 소설, 영화, 사진, 그림 따위에서 얻어질 수 있다는 전제가 숨어 있다. 음식을 먹는 타인을 묘사한 글이나 영상으로 인간이 쾌감을 느낀다는 뜻이다.

감정까지 모방하는 동물, 인간

자, 여기서 먼저 포르노가 어떻게 인간에게 쾌감을 주게 되는지 그 기제를 들여다볼 필요가 있다. 왜 남의 성행위를 묘사한 글과 화면으로 쾌감을 얻는지 궁금하지 않은가. 나의 성행위가 아니라 남의 성행위인데 말이다.

인간은 흔히 사회적 동물이라고 말한다. 집단을 이루어 서로 긴밀하게 커뮤니케이션을 하며 살아가는 동물이라는 뜻이다. 인간이 얼마나 '사회적'인지 현재의 인간 커뮤니케이션 망을 머리로 한번 그려보라. 최극단의 남북극에서부터 적도의 열대 우림까지 인간이 사는 곳이면 네트워크로 연결되지 않은 지역이 없다. 여기 이 내 글도 보자고 하면 지구상의 대부분의 인류가 당장에 접근이 가능하다.

인간이 이처럼 극도로 '사회적'이어야 했던 까닭은 그래야 생존에 유리하기 때문이다. 지구라는 행성의 이 거친 자연에서 '털 없는 원숭이'에게 주어진 무기는, 강인한 체력도 아니고 날카로운 이빨과 발톱도 아니며 민감한 눈과 코도 아닌, '상대방을 무한히 공감하는 능력' 단 하나이다. 모방 본능이다.

언어가 없던 그 옛날의 우리 조상을 떠올려보자. 서로 긴밀히 의사소통하려면 먼저 상대방의 표정이나 목소리, 행동 등에서 마음을 읽어내어야 한다. 눈빛 하나에도 입술의 움직임 하나에도 상대의 의사를 파악하고 그에 적합한 눈빛과 입술 움직임을 보내주어야 한다. 이 소통이 성공하려면 같은 의미의 눈빛과 입술 움직임을 공유하여야 한다. 이를 위해 필요한 것이 모방이다. 서로의 눈빛을 따라 하고 입술의 움직임을 따라 하면서 공통의 소통 수단을 확보하는 것이다.

인간의 몸을 여느 영장류와 비교하여 보면, 우리 조상이 의사소통에 얼마나 집중하였는지 알 수 있다. 다양한 표정을 위해 얼굴에 털을 없애고 얼굴 근육을 섬세하게 발달시켰다.

성대를 목구멍 아래로 내리고 둥근 모양으로 진화시켜 목소리의 무한 변주를 확보하였다. 직립으로 자유로워진 두 팔과 손도 커뮤니케이션에 더없이 유용하다. 놀랍게도, 피부 접촉을 통한 교감을 극대화하기 위해 몸의 털도 없앴다.

모방할 때에 그 모방이 성공하려면 상대의 감정까지 모방하여야 한다. 왼쪽 눈꼬리를 살짝 드는 것으로 너를 좋아하기는 하는데, 어느 정도 좋아하는지 그 감정의 정도를 서로 모방하여야 소통에 실패하지 않게 되는 것이다. 인간의 감정 모방은 점점 고도화하여 마침내는 미술, 연극, 음악, 시, 소설 등 예술이라는 것까지 만들어냈다.

쾌락도 감정이다. 그러니 인간은 쾌락도 모방한다. 성행위는 원래 남에게 보여주지 않는다. 그래서 당장의 성적 상대자 말고는 남의 성적 쾌락을 모방의 대상으로 삼을 수가 없다. 그래서 등장하는 것이 포르노이다. 직접 모방하지 못하니 간접 모방이라도 하는 것이다.

인간에게는 먹는 것도 쾌락이다

인간이 감정 모방 능력을 고도화한 이유 중의 하나는 먹이 확보 능력과도 관련이 있다. 인간은 여느 동물에 비해 신체적으로 먹이 활동을 하는 데에 열등하다. 주변에 먹을 만한 것

이 있으면, 웬만한 것이면 입에 밀어넣어야 한다. 이때 필요
한 것이 감정 모방이다.

　동물은 자신의 생존에 유리한 음식물이 있는 지역을 한
정하여 번식한다. 그러니 각각의 동물은 먹어낼 수 있는 것이
그리 많지 않다. 인간 동물은 달랐다. 지역 한정 없이 그 어
떤 것이든 먹어내는 전략으로 번식하였다. 적도 우림에서 극
지의 얼음 위까지 인간은 번창하여 그 어떤 것이든 먹어내고
있다. 먹어낼 수 없는 것을 어떻게 해서든 먹어내어야 하는
절박함으로 인간은 쾌락을 불러내었다. 먹는 것이 곧 쾌락임
을 몸에 새기기 시작한 것이다.

　먹는 것이 곧 쾌락임을 몸에 새기는 일은 가장 먼저 어
미와 자식 간에 일어난다. 어린 인간이 스스로 맛있다 하고
먹어내지 못하는 음식물을 어미 인간이 먹이면서 그 음식물
에다 쾌락이라는 양념을 바르는 작업을 한다. 먹는 것의 쾌
락은 먼저 어미가 보여주는데, 자신의 쾌락을 극단으로 표현
하여 이를 새끼에게 이전시킨다. 감정 모방이다. 새끼가 쓰다
시다 거칠다 뱉어내어도 어미는 그 음식을 입에 물고 "아이,
맛있어!" 하고 새끼의 입에 밀어넣는다. 그렇게 하지 않으면
인간은 생존할 수가 없었던 것이다. 마침내 모방 본능을 통한
이 쾌락의 전달은 인간 문명의 한 축이 된다.

하드코어와 야설

한국의 먹방과 쿡방은 푸드포르노이다. 그것도 하드코어이다. 방송은 음식을 보여주기는 하지만 카메라가 집중하는 것은 음식을 먹는 사람이다. 한입 물고는 황홀한 표정을 지으며 뒤로 넘어간다. "음음음" 신음은 기본이고 "아이, 맛있어", "최고예요"를 남발한다. 음식을 먹는 사람의 쾌락을 아낌없이 화면으로 보여준다.

어미가 새끼에게 음식의 쾌락을 각인시킬 때 외에는, 인간은 보통의 상태에서 음식을 먹을 때에 그렇게 강렬히 쾌락을 드러내지 않는다. 그러니 방송에서 그들은 연기를 하거나 적어도 과장을 한다. 포르노 배우가 실제로 사랑해서 그 행위를 하는 것이 아니듯.

인간은 부모와 자식, 부부 같이 서로 사랑하는 사람이 아니고서는 음식을 먹고 있는 상대를 빤히 볼 수가 없다. 그런데 (포르노처럼) 화면을 통해 보는 것은 괜찮다. 현실에서는 불가능한 일이 화면을 통해 벌어지고 있다는 것을 화면 안과 밖의 사람들 모두 알고 있으므로, 음식으로 얻어지는 쾌락을 연기하거나 과장되게 표현한다는 것도 서로가 잘 안다. 알아도 괜찮다. 우리가 원하는 것은 음식 그 자체가 아니고 음식을 먹으며 얻을 수 있는 진짜의 쾌락도 아니다. 누군가 쾌락을 느끼면 모방 본능을 작동시켜 내 것으로 만들면 끝이다.

내가 출연하였던 tvN의 '수요미식회' 역시 푸드포르노이다. 이 방송에서는 음식을 먹으며 그 쾌락을 직접적으로 표현하는 사람이 화면에 등장하지 않는다. 음식이 화면에 있고 그 음식을 먹었던 사람들의 말이 화면 밖으로 흐른다. 보통의 먹방과 쿡방이 야동이라면 '수요미식회'는 야설이라 할 수 있다.(내가 빠지고 포맷에 변화가 있었다. 이제는 '정통 야설'이 아니다.)

한국에서는 먹방과 쿡방이란 이름의 푸드포르노가 크게 유행하고 있다. 외국에서도 이 일이 신기해 보이는지 외신에서 취재 기사를 날리는 정도이다. 푸드포르노야 다른 나라에도 물론 있다. 포르노라 이름을 붙여서 그렇지 부도덕하고 비윤리적인 일이 아니다. 감정 소통을 통하여 인간의 삶을 여유롭게 한다고 긍정의 시선을 보낼 수도 있다. 그러나 쾌락은 실제의 것이어야 하고 그래야 진정한 행복을 느낄 수 있다. 사랑도 그렇고 음식도 그렇다.

갑과
을의

밥상

한국인의 밥상에서 중심은 밥이다. 더 구체적으로는 쌀밥이다. 자포니카계 벼의 나락을 도정하여 솥에다 끓이는 음식이다. 이 쌀밥이 밥상의 중심으로 대접받기 시작한 것은 대충 고려 중기로 짐작을 한다. 쌀밥을 짓기 위해서는 무쇠솥이 필요한데 무쇠의 넉넉한 보급이 그때에야 일어나기 때문이다. 그 이전 한민족의 주식은 떡, 그 더 이전은 죽이었다. 5,000년 한민족의 긴 역사에서 밥의 시대는 그렇게 길지가 않다.

밥은, 특히 쌀밥은, 아니다, 쌀에 여러 잡곡이 섞였다 하여도 밥이란 밥은, 그 단독으로 먹을 만한 맛을 가지고 있지 못하다. 전분질의 음식이라 꼭꼭 씹으면 당화하여 단맛이 조금 일기는 하나 이런 식으로 서너 번 밥만 삼키면 목이 자동으로 멘다. 밥을 지속적으로 목구멍으로 밀어넣기 위해 필요한 것이 찬이고 국이다. 그래서 밥을 주식主食, main dish, 찬과 국을 부식副食, side dish이라 하기도 하는데, 이건 서양음식 분류법에 따른 것이라 한국인의 밥상을 이해하는 용어로는 적절하지가 않다.

서양은 메인이든 사이드이든 한 디쉬의 음식이면 그 단독으로 맛을 완결하여야 하지만 한국인의 밥상에서 밥과 찬과 국은 그 단독으로 맛을 완성할 수가 없다. 찬 또는 국은 늘 밥과 함께 먹는 것이니 그릇에서 단독으로 그 맛을 주장하지 못하고 입안에서 밥과 섞이어야 비로소 그 맛이 완성된다. 그러니 밥과 찬, 국의 관계는 주主와 부副가 아니다. 주主와 종從의 관계이다. 굳이 나누어 말한다면, 밥은 주식主食이고 찬과 국은 종식從食이라 할 수 있다.

제 스스로 맛을 완결시키지 못하는 음식

한국인의 밥상에서 밥은 1인당 하나씩 주어지나 찬과 국은 여럿 놓인다. 국 하나에 찬은 대여섯이 보통이다. 어떨 때에는 30여 개의 찬과 국이 놓이기도 한다. 그 여럿의 찬과 국이 한국음식의 종수를 담보해준다. 밥이야 쌀밥 아니면 잡곡밥이니 그 변종은 많지 않다. 한국음식의 품목은 오직 찬과 국으로 채워진다. 제 스스로 맛을 완결시키지 못하는, 즉 단독자로서 존재할 수 없는 음식이 대부분을 차지하고 있다.

요리사는, 전문적인 요리사가 아니더라도, 보통은 한 그릇에 담기는 맛에 집중하게 되어 있다. 한 그릇 안의 음식만으로 맛있게 먹을 수 있도록 궁리한다. 한국음식은 그럴 수가 없다. 요리하며 밥을 항상 염두에 두어야 한다. 내가 하는 한 그릇의 음식이 밥과 어떻게 어울려 맛을 낼지 그림을 그리며 그 그릇의 음식을 완성하여야 하는 것이다. 이게 한두 종의 음식이면 그렇게 큰 혼란이 없는데 대여섯 종을 넘기면 요리사의 머릿속은 카오스 상태가 된다. 주식인 밥과 뒤섞이는 종식이 또 서로 뒤섞일 수도 있기 때문이다. 1식 3찬에 1국 정도의 밥상에서는 그 나름의 균형이 있다. 대체로 5찬에 1국을 넘기면 요리사는 카오스에 자신의 머리를 맡긴다. 포기해버리는 것이다. 그런 밥상은 어떤 것이냐 하면, 처음에는 찬수에 "우와!" 하였다가, 이어서 무엇부터 먹을지 혼란이 일어 젓가락을 멈칫멈칫하다가, 일단은 모든 찬과 국의 맛을 다 본 후에 다시 무얼 먹을까 궁리를 하여도 도저히 계통이 서지 않고, 마침내는 밥은 다 먹었는데 찬과 국은 그릇에 절반 이상이나 남아 버티고 있는, 그런 밥상이다.

집안에서는 그나마 이 혼란을 줄여서 밥상을 차리는 것이 아닌가 싶지만, 현실은 그렇지가 않다. 밥상을 차릴 때 찬을 있는 대로 내놓아야 한다는 강박이 발동한다. 그 까닭은 냉장고에 이미 조리된 찬이 가득하기 때문이다. 이를 제때에 먹어주어야 하니 밥상은 계통 없이 차려지게 마련이고 또 찬은 남아 냉장고에 들어간다. 이 악순환은 우리의 일상이다.

밥에 종속된 찬을 해방시켜 일품요리로 조리하는 일이 부쩍 늘어나고 있는 것도 사실이다. 특히 밥 없이 '요리'를 먼저 내는 한정식집이 많이 생겼다. 그 요리들의 맛을 보면 기묘하다. 찬으로 쓰이는 종식을 단독의 요리로 재조합을 하여야 하니 일단 짠맛을 줄여야 한다는 생각이 들 것이고, 그 빈곳을 – 밥이 빠진 자리의 빈 곳까지 포함하여 – 채우려고 단맛을 들여앉혔다. 한국음식이 근래에 온통 달아진 까닭 중의 하나이다. 밥에서 해방된 찬들의 맛을 단독으로 재구성하자니 힘이 들고 그래서 대충 단맛으로 버무리고 있는 것이다.

'종식이'를 해방하라

밥 찬 국의 밥상 구성이 한민족에게 주어진 지가 길게 보면

1,000년 정도 되었다. 이 밥상이 전통이니 지켜야 한다고 생각하는 것은, 그 긴 세월을 생각하면 인지상정의 일이다. 또 한편으로 생각해보면 1,000년 전 조상의 떡상과 죽상은 전통의 것이 아닌가 싶기도 하다.

외국의 음식 역시 그러하다. 서양 음식의 구성이 500년 전에도 그랬는가 보면, 전혀 그렇지 않다. 대항해시대 이후 서양인의 음식은 완전히 달라졌다. 일본 밥상의 변화는 더 극렬하다. 육식 금지를 푼 메이지유신을 기점으로 보면 그 전후의 음식은 완전히 다른 나라의 음식이라 할 만하다.

음식은 시대에 따라, 시대에 맞추어, 변화한다. 그 변화를 억지로 막아 세우는 일은 전통 지키기가 아니다. 고착이다. 한민족이니 한복만 입어야 하고 판소리만 들어야 한다고 고집하지 않는다. 케이팝은 한민족 전래 음악과 관련이 없다. 음식도 그렇다. 시대의 변화에 따라 밥상도 바뀌어야 한다.

밥 찬 국의 밥상 구성은 밥 한 그릇을 맛있게 먹기 위한 것이다. 밥이 주인이고 찬과 국은 종이다. 요즘 세태의 말을 빌려 표현하면, 밥이 갑이고 찬과 국은 을이다. 더럽다고, 을이 갑 없이 살려고 하면, 살아지지가 않는다. 갑에게는 대체할 수 있는 여러 을이 있고, 갑은 또 대체로 자신을 변화시킬 생각이 없기 때문이다. 변화의 욕망이 가득한 을만 속이 타게 되어 있다. 이건 인간 세상의 일이고, 밥상 위에서는 사정이

다소 느슨하다. 한국인이 밥을 점점 안 먹고 있다. 쌀밥을 더 먹자는 캠페인이며 운동이 열심히 전개되었으나 효과는 거의 없다. 밥의 시대가 저물고 있다.

밥의 시대가 가면 쌀은 어떡하냐, 아니지, 농민은 어떡하냐는 걱정부터 한다. 한국의 곡물 자급률은 20%대이다. 쌀만 지킨다고 한국인이 살 수 있는 것은 아니다. 한반도에서 곡물 자급률 100%를 실현하는 일은 낙타가 바늘구멍에 들어가는 일보다 어렵다. 이건 현실이다. 어차피 외국의 곡물을 가져다 먹을 것이면 쌀의 높은 자급률을 고집할 것도 아니다. 한정된 농지를 어떻게 활용해야 하는지 더 깊은 궁리가 필요한 시점이다.

하여튼, 밥을 더 먹으라고 해봤자 더 먹으려 들지 않는 시대에 우리가 살고 있다. 주主가 제자리를 스스로 떠나니 종從이 해방되게 생겼다. 기왕 맞는 해방이면 제대로 맞아야 한다. 있지도 않은 밥에 신경을 쓰다가는 기묘한 맛에 빠질 수도 있다. 단독으로 맛있는 한국음식이 많아질 기회이다. 이렇게 가다보면 한국인의 밥상은 크게 변화할 것인데, 한 200년 후 역사 교과서에 "밥과 찬, 국을 따로 차린 특이한 밥상이 있었는데 당시 극심하였던 갑을의 관계가 반영된 것으로…"와 같은 문장이 실릴 수도 있을 것이다.

한국인의 밥상은 밥과 반찬, 국으로 차려진다. 밥 한 그릇을 맛있게 먹기 위해 반찬과 국이 필요하다. 오른쪽 사진처럼 네댓 가지 반찬에 국물 음식 하나 정도가 오른다. 아래 사진은 젓갈이 유명한 지역에서 내는 젓갈 한정식이다. '을'인 반찬이 밥을 밀어내고 밥상의 '갑'이 되려고 하니 밥상의 균형이 무너졌다. 밥상에서 밥을 치울 수는 없는 노릇이니 '을'을 재구성해야 갑과 을이 공존할 수 있다.

유기농이

한국인을
먹여
살릴 수 있는가

1990년대 초 경남 진주에서 무농약 무화학비료로 재배한 노지 딸기를 맛본 적이 있다. 노지 딸기 재배도 어려운데 심지어 유기농이라니! 그날 첫 수확을 하는 날이었고, 농민은 자신의 딸기를 손에 들고 울먹였다. 무려 7년. 거의 자연 상태에서 딸기 재배에 성공하기까지 그렇게 긴 세월이 걸렸다. 곁의 누군가가 이런 말을 하였다. "그동안에 재산 다 말아먹고…." 농민의 눈물에는 성공에 대한 대견함에 7년간의 설움과 고통까지 담겨 있었다. 과연 딸기는 맛있었다. 입안에서 딸기의 향이 가득 터졌다. 그러나 딱 두 알 먹고 말았다. 눈물을 훔치는 농민 앞에서 그 딸기를 차마 더 먹을 수가 없었다. 이 딸기 한 알의 가격을 대체 얼마로 책정해야 한단 말인가! 이후 나는 이 농민에 대한 소식을 일부러 확인하지 않았다. 두려웠다. 7년 만의 그 성공이 지속하리라 확신할 수 없었기 때문이다.

1990년대에 나는 농업 관련 언론사의 기자였다. 친환경 농업이니 자연농업이니 사무농업이니 태평농업이니 하는 말이 크게 돌았다. 일반농의 대안이 될 수 있을 것이라 하여 나도 관심을 두고 취재를 하였다. 퇴비나 미생물을 이용하는 고전적인 농법뿐만 아니라 씨앗을 뿌린 후 풀도 뽑지 않고 내버려두는 농법까지 참으로 다양하게 시도되었다. 꽹과리를 치며 논둑을 돌면 해충이 달아난다는 이들도 있었다. 농약과 화학비료에서 벗어나고자 하는 그들의 신념은 단단하였고 실행력도 있었다.

자본주의 사회에서 지속 가능성의 첫째 조건은 '돈'이다

그들의 신념은 신념이고, 내게 중요한 것은 그 대안의 농업이 과연 돈이 될 수 있는지였다. 자급자족의 농업이면 무슨 일인들 못하겠는가. '씨앗만 던지고 내버려두기' 같은 것도 두려울 것이 없다. 그러나 한국에서의 농사란 대부분 그 수확물을 팔기 위한 경제 행위이다. 이 자본주의 사회에서 모든 산업은 돈이 되어야 지속 가능하다. 그때에 현장에서 내가 확인한 바는 이랬다. '이건 돈이 안 된다. 농민에게 권장할 것이 아니다.'

유기농을 하는 일부 농민은 분명 돈을 벌었다. 일반농에 비해 큰돈을 번 농민도 있다. 이른바 스타 농민이다. 당시 유기농은 다소 별난 농업이었고, 그래서 매스컴이 달려들었으며, 농민은 스타가 되고 그 농작물은 비싸게 팔렸다. 그러나 나는 이런 일은 잠시 잠깐의 일이라 여겼다. 매스컴은 한방에 스타로도 만들지만 한 방에 훅 보내기도 한다. 중요한 것은 시장에서의 지속력이다. 적절한 생산량이 확보되며 이를 소비자가 기꺼이 사 먹을 수 있는 가격대로 형성할 수 있느냐 하는 것이다.

내 판단과는 달리 유기농은 꾸준히 그 시장 규모를 키웠다. 특히 정부의 지원 정책이 이 시장을 이끌어주었다. 유기농 인증 농가도 부쩍부쩍 늘었다. 그러나 그 실상을 보면 이게 과연 애초 친환경의 뜻으로 시도되었던 농법이라고 할 수 있는지 의심스럽다. 대부분이 시설재배 유기농이다. 그것도 채소류에 집중되어 있다.

시설재배의 하우스 안은 자연과 단절된 공간이다. 하우

스 안의 농지는 바깥에서 벌어지는 봄, 여름, 가을, 겨울의 계절 변화와 관계없다. 비가 오든 눈이 오든 하우스 안은 무관하다. 처음에 친환경농업이니 자연농업이니 사무농업이니 태평농업이니 하는 것들이 제안되었던 것은 일반농이 자연과 멀어져 있으니 농업과 자연의 연결고리를 회복하자는 뜻이었다. 하우스 안이 과연 자연과 얼마나 가깝다고 생각하는가. 나는 그 안에서 그 어떤 자연도 느끼지 못했다. 농약을 안치고 화학비료를 안 주었으니 자연과 가깝고 친환경적이라 주장할 것이면 아파트 베란다의 화초도 자연과 가깝고 친환경적이라 할 수 있을 것이다.

유기농 농가 취재는 꾸준히 한다. 어떤 변화라도 있는지 살피기 위해서였다. 사정은, 20년 전이나 지금이나 똑같다. 노지의 유기농은 여전히 어렵고, 다들 하우스에 의존하고 있다. 10여 년 경력의 유기농 과수원에서 겨우 20%의 정상 과실을 거둔다. 80%는 과즙으로 만들어 팔고 있다. 그 과즙에서 유기농의 의미를 찾는다는 게 얼마나 허황된 일인지!

벼농사라고 크게 다르지 않다. 다소 가격을 높여서 판다하지만, 한국의 먹을거리 생산 실태를 생각하면 이게 과연 바른 농사법인지 나는 의심하지 않을 수가 없다.

한국의 유기농은 시설채소재배에
집중되어 있다. 여름에는 고온다습하고
겨울에는 혹독하게 추워서 농사를 잘
짓기에 적합한 땅이 아니기 때문이다.
하우스 안은 자연과 완전히 다른
환경을 하고 있다. 한국의 유기농이
친자연적이라는 생각은 판타지이다.
맨 아래 사진은 유기농 사과이다.
노지에서 키웠으니 친자연적이라
하여도 크게 어색하지는 않다. 그런데
온전한 사과는 20% 정도이고 80%는
상품으로 팔 수가 없어서 사과즙을
짠다. 한국에서는 어떤 농사를 지어야
하는지 좀 더 깊은 고민이 필요하다.

그 어떤 농사이든 반자연적이다

한국에서 유기농에 대한 관심은 1980년대부터 생겼다. 그전에는 이런 것에 관심도 없었다. 배가 고팠기 때문이다. 먹고 살 만해지니 더 건강한 음식을 먹자는 수요가 생겼고, 농업에 자극을 준 결과이다. 유기농은 과다한 농약과 화학비료 살포에 대한 경각심을 일깨우는 데 일정한 공이 있었던 것은 분명하다. 고독성 농약과 예방적 농약 살포의 퇴출을 가져오는 데 유기농은 큰 도움을 주었다.

그러나, 한국에서의 유기농은 일종의 신앙처럼 굳어졌다. 유기농은 친환경적이어서 지구를 살리는 데 일조를 하는 것은 물론이고 인간의 건강까지 챙겨준다는 것이다. 유기농역시 친환경적일 수가 없으며 생물학적 위해성은 여전히 존재한다는 사실은 무시되었다. 비로소, 근래에 유기농에도 그러한 문제가 있다는 말이 서서히 번졌다. 방송에서도 이 문제를 심심치 않게 다룬다. 그럼에도 유기농이니 친환경농업이니 하는 말에 미련을 버리지 않고 있다. '바른 유기농', '바른 친환경농업'이 존재한다고 믿는 것이다. 그래서 요즘에는 자연재배라는 말도 유행하고 있다.

이 모든 미련과 착각은 농사라는 인간의 행위에 대한 이해가 부족하여 발생한다. 산업화 이전 전통적인 농업을 '자연의 일'이라고 착각하고 있는 것이다. 산업화가 그 '자연의 일'인 농업을 망쳤다고 생각한다. 지금 필요한 것은 '바른 유기농', '바른 친환경농업'이 아니라 '바른 농업 교육'이다.

인류가 농사를 짓기 시작한 것은 1만여 년 전이다. 인간이 식물의 생육 원리를 깨닫고 구역을 정하여 한 작물을 몰아다 키우게 된 것이다. 구역을 정하여 한 작물을 몰아 키운다는 뜻은 그 구역의 땅에서 다른 식물들이 못 자라게 한다는 말이다. 이는 곧 자연의 질서를 위배하는 일이다. 농업이라는 것 자체가 반자연의 일이다. 같은 구역에서 농사를 지속적으로 지으면 수확량이 적어진다는 사실을 알아차리고 여기저기 옮겨다녔고, 더 쉬운 방법으로 화전을 일구었으며, 더 쉬운 방법으로 퇴비라는 것을 알게 되었다. 그렇게 농업은 변화하였으며, 그 변화에서 자연친화적인 것은 없었다. 농업 그 자체가 자연을 상대로 한 인간의 약탈이다.

유기농을 넘어 자연재배를 한다는 농장을 보라. 하우스가 지어져 있고 무경운, 무비료라 하지만 그 안의 땅은 그 바로 밖의 땅과 다르다. 그 바로 밖의 땅이란 농경지가 아닌 자연의 땅을 말한다. 유기물 함량을 조사해보면 자연의 땅보다 하우스 안의 땅에서 훨씬 높게 나올 것이다. 한반도 자연의 땅은 유기물 함량이 극히 적어서 그대로 농작물을 재배하기 적당하지 않다는 뜻이기도 하다. 인위적으로 자연과 단절시

1부 갑과 을의 밥상

키고 유기물 함량을 높인 땅에서 재배하는 농작물을 두고 어찌 '자연'이란 말을 붙일 수가 있는가. 이건 '자연'의 남용이고 오용이다. 반자연의 일을 숨기기 위한 전략이다. 나아가, 농업의 실체를 파악하는 데 큰 혼란을 주는 일이기도 하다. 농업은 그 어떠한 경우에도 반자연의 일이라고 생각하여야만 지속 가능한 농업에 대해 바른 판단을 할 수 있다.

한반도에 유기농이 과연 적합한가

그래도 환경을 덜 파괴하는 농사를 짓자는 것에 나는 동의한다. 여기에 더해 한반도의 사람들이 넉넉하면서 건강한 먹을거리를 확보할 수 있는 농사가 유지되어야 한다고 생각한다. 그러기 위해 과연 한반도에서 어떤 방법의 농사를 지어야 하는지 궁리하여야 한다. 그래서 이른바 선진농업국에 가서 배우는 일이 흔하다. 유기농도 유럽의 여러 나라에 가서 배운다. 아쉽게도, 이 배움의 과정에서 결정적 착각과 오해가 발생한다. 농업은 해당 지역의 자연이라는 절대 조건에서 절대 벗어날 수 없다는 사실을 망각하는 것이다.

유기농의 나라는 역시 독일이다. 한국 농민들이 독일의 유기농업을 배우러 많이 간다. 보고 들으면서 한국에서도 이럴 수 있을 것이라 생각한다. 독일의 선진 유기농 기술을 벤치마킹하면 한국도 유기농 강국이 되리라 생각한다. 아니, 착각하고 오해한다. 독일의 자연조건은 결코 벤치마킹할 수 없다.

독일의 유기농을 배우자는 한국 농업 기관의 동영상 교재는 이렇게 시작한다. "비옥한 농토와 초지를 지평선이 보이지 않을 정도로 광범위하게 보유한 나라, 독일. 연간 강수량이 500mm 내외로 우리나라에 비해 35~50% 정도지만 비나 눈이 연중 고루 오고 겨울 최저기온이 영하 7도 정도여서 동해, 서리 피해 등이 없는 천혜의 농업 여건을 가지고 있다."

한국의 농업 여건은 어떤가. 비슷한 식으로 말해보자. "70% 이상의 산지에 지평선은 김제 평야에서나 겨우 발견할 수 있을 정도로 농지가 좁으며 지질학적으로 노후화한 땅에 들어 유기물 함량이 적다. 여름 2개월 동안 2,000mm 내외의 집중 호우가 내리고 고온다습하여 병충해가 들끓으며 겨울 5개월은 영하 10도 이하로 떨어지는 날이 많아 시설이 아니면 작물 재배가 어렵다. 농사짓기에 좋은 땅을 가지고 있지 못하다."

유기농을 하는 농민들을 만나면 한결같이 "유기농이 현실적으로 어렵다"고 호소한다. 몰래 농약을 쳤다가 낭패를 보는 이들이 부지기수이다. 농민이 게을러서도 아니고 몰라서도 아니다. 한국의 자연조건 때문이다. 한반도의 자연조건은 인간의 힘으로는 바꿀 수가 없다. 그러니, 이 자연조건에서 어떤 농사를 지을지 궁리하여야 한다. 유기농 선진 농업국에서 벤치마킹해봤자 별 도움이 안 된다는 말이다.

지킬 식량 주권이 없다

한국인은 한반도를 금수강산이라 한다. 사계절의 변화에 따라 아름다울 수는 있어도, 먹을거리가 넉넉한 땅은 아니다. 5,000년 역사에서 단 한 번도 먹을거리를 자급한 적이 없다. 1970년대 들어 통일벼 덕에 쌀의 자급을 이루면서 한반도의 먹을거리가 넉넉해진 듯이 착각하고 있는데, 한국인의 전체 먹을거리로 보면 100% 자급은 아직 한 번도 없었다. 에너지 기준으로 보면 현재의 자급률은 40%대이다. 쌀 관세화 문제로 "식량 주권을 지키자"라고 주장하나, 솔직히 한국인은 현재 지킬 식량 주권이 없다. 외국에서 먹을거리를 안 가져오면 60%의 한국인은 굶어 죽어야 한다. 농업 빈국이다. 한반도의 자연환경에서는 유기농은 생산성을 확보할 수 없으며, 따라서 한반도에서 유기농을 고집하는 것은 오히려 정의롭지 못하며 비윤리적일 수 있다.

한국의 유기농은 농약과 화학비료 공포를 먹이로 성장하였다. 스스로 선한 먹을거리가 되려고 일반농을 '악의 축'이나 되는 듯이 굴었다. 고독성 농약의 과도한 살포는 분명 문제가 있었다. 그러나 이는 옛말이다. 저독성 농약의 적절한 사용까지 나무라서는 안 된다. 화학비료 역시 적절히 사용하면 축분을 이용한 퇴비보다 친환경적일 수 있다. 조금 넓고 넉넉한 마음으로 한국의 먹을거리 사정을 생각할 때이다.

정크푸드인 줄
모르고
먹는

노동자는
없다

도시농업이 유행이다. 서울시에서는 도시농업을 적극적으로
지원하는 정책을 펴기도 한다. 자급자족의 텃밭 농사를 넘어
도시에 직업적(부업 수준이겠지만 어쨌든) 농부를 키우겠다는
생각도 있는 듯하다.

　　도시에서는 농토라고 해봤자 얼마 되지 않는다. 또 그
비싼 땅에서 지은 농산물을 대체 얼마에 팔아야 할지도 의문
이다. 그럼에도 도시농업이 의미가 있다고 하는 이유는, 도시

민이 직접 흙을 만지고 작물을 키우면서 농민의 마음을 헤아리는 기회로 삼을 수 있다는 점이다. 나아가 도시민과 농민 간에 연대감이 형성될 수도 있다. 일리가 있다.

인간 문명의 시초에는 농업이 있었고, 그러니 '문명 인간'의 조상은 모두 농민이다. 한반도에서도 그랬다, 1960년대까지는. 그러나 현재 한국인 중 농민은 얼마 안 된다. 그 나머지는, 극소수의 자본가를 빼놓고, 모두 노동자이다. 농민의 나라에서 한순간에 노동자의 나라로 바뀌었다. 이제는 예전 농민의 나라로 돌아갈 수는 없다. 노동자에게 농업의 가치를 확인시켜주는 방법으로 도시농업 만한 것이 없는 것은 확실하다. 이를 통해 농민과의 연대를 구상하는 것도 바르다.

도시농업 주창자들은 여기서 한 단계 더 나아간다. 농업을 경험한 도시인들이 농업의 소중함을 느끼고 농민과의 연대감을 형성한 '선도적 도시인'이 되어 '우리 친환경 농산물'을 더 많이 소비할 것이라는 희망을 담는다. 도시농업 권장의 논리가 여기에까지 이르면 나는 뻘쭘해진다. 노동자의 사정을 너무 낙관하는 것이 아닌가 싶어서이다.

노동자는 품을 팔아 돈을 벌고, 그 돈으로 먹을거리를 사는 사람들이다. 장시간의 노동에 시달리는 노동자의 현실을 생각하면 도시농장을 운영하는 것조차 버겁다. 도시농장의 운영으로 농업의 가치를 확인하고 농민과의 연대를 생각하였다 하여도, 문제는 돈이다. 노동자의 주머니가 '우리 친환경 농산물'을 사 먹을 수 있을 정도로 두둑할까? 인간은 경제적으로 최적의 조건에 있는 먹을거리를 확보하려고 하는데, 한국 노동자의 최적 먹을거리 안에 '우리 친환경 농산물'이 들 수 있는지도 의문이다.

시민운동가들은 대체로 '선한 인간'을 그린다. 그러나 자본주의 사회에서 선함은 돈 앞에서는 힘을 쓰지 못한다. 한국 노동자는 하루 평균 점심 비용으로 6,000원 정도를 쓰고 있으며, 이도 버겁다고 한다. 점심 메뉴 선택의 기준도 맛이나 영양보다 가격이다. 패스트푸드점의 햄버거, 편의점의 삼각김밥을 먹는 노동자들도 많다. 이 음식들이 정크푸드인 줄 모르고 먹는 노동자는 없다. 이를 먹을 수밖에 없는 노동자에게 '선도적 도시민'이 되라고 할 수는 없는 노릇이다.

집에서의 사정도 비슷하다. 도시농장을 하지 않더라도 '우리 친환경 농산물'이 수입 농산물에 비해 좋을 수 있다는 사실을 모르는 사람은 없다. 이 선택에서 선하려 하여도 돈이 그 앞을 막아선다. 아파트 분양 할부금이, 자식의 학원비가, 의료 보험료가 '우리 친환경 농산물'로 가던 손을 막아 세운다. 그러니 바꾸어야 하는 것은 노동자의 정신이 아니라 노동자의 주머니 사정이다. 먹을거리 문제에서는 농민 걱정보다 노동자 걱정을 더 많이 해야 하는 대한민국이다.

길거리의 싸구려 음식이, 라면이,
떡볶이가 정크푸드임을 우리는
잘 안다. 학교 반경 200미터
이내에서는 자극적이고 영양
균형이 맞지 않은 음식을 팔지
못하게 할 정도로 정크푸드에
대한 사회적 경계심이 높다.
그럼에도 우리는 이를 먹고
산다. 또한 법을 위반하지 않은
것이면 정크푸드여도 판매할 수
있다. 알고도 먹는다는 사실을
직시하여야 한다. 작품성이
뛰어난 영화나 음악, 소설, 그림
등만 즐기면서 살 수 없는 것과
같다.

약은
약이고

음식은
음식이다

"약은 약사에게, 진료는 의사에게." 몸이 아프면 전문가를 찾아야 한다. 내 몸이지만 이 몸의 여러 이상 현상을 파악하여 고치려면 많은 공부가 필요하기 때문이다. 그런데, 한국에서는 웬만하면 약사이고 또 의사이다. 온갖 질병과 그에 해당하는 치료 식품(약품이 아니다)을 줄줄이 꿰는 이들이 참 많다. 식품영양학자와 요리사는 물론이고 농부에 식당 주인, 식품 공장 사장, 청과 상인, 패밀리 레스토랑 알바까지 질병별 치료 식품을 입에 올린다.

하도 핀잔을 주어 요즘은 뜸한데, 방송작가들이 내게 전화를 하여 가장 많이 주문하였던 것이 "어떤 식품이 어디에 어떻게 좋은지 인터뷰 좀 해주세요"였다. 어떨 때는 생방송에서 그런 내용의 대본을 만들어 내 앞에 내밀기도 하였다. 그때 내 대처법은 이랬다. 일단은 대본을 보며 읽는다. "시금치가 무슨 무슨 성분이 들어 어디 어디에 좋다고…." 그러고는 이렇게 마무리를 한다. "…말하라고 작가가 써주었네요."

방송 제작진이 음식을 다룰 때 질병 치료와 연관된 성분을 강조하고 말해주기를 그렇게 간절히 바라는 이유는 단 하나이다. 그래야 시청률이 나온다. 글에서도 똑같다. 청탁하면서 으레 이런 말을 붙인다. "그 음식을 먹으면 어디에 좋은지도 덧붙여주시면 고맙겠습니다." 강의를 의뢰하면서도 이런다. "선생님이 맛보았던 여러 맛있는 음식을 소개해주시고요, 또 그게 몸에 좋은 이유도 알려주세요." 미안하지만, 나는 '약장사'가 아니다.

그러면 한국인은 음식과 건강의 관계 등의 상식을 전혀 모르고 있느냐 하면, 짐작하기에는 세계에서 최고로 많이 알 것이다. 방송을 보라. 공중파든 케이블이든 건강 관련 프로그램이 얼마나 많은가. 거기서 의사와 한의사, 식품영양학자, 요리사, 방송인 등이 나와 마늘은 어디에 좋고 양파는 어디에

좋으며 메밀은 또 어디에 좋은지 시시콜콜 수다를 떤다. 건
강이나 음식 프로가 아니어도 여느 교양 프로나 심지어 뉴스
에서 음식을 다루었으면 마지막에는 꼭 이런 멘트를 붙인다.
"오늘 다룬 이 음식이 당뇨며 다이어트 등에 좋다고 하는군
요. 많이들 드시고 건강한 여름 보내시기 바랍니다."

동의보감은 언제부터 한국인의 '건강음식교' 경전이 되었나

방송이나 신문, 잡지 등을 보지 않아도 한국에서는 건강과 관
련된 음식 정보를 얼마든지 얻을 수 있다. 식당 벽면만 보면
된다. 보리밥집 벽면에는 보리가 건강에 얼마나 고마운 곡물
인지 확인할 수 있으며, 삼계탕집에서는 또 닭 덕에 내가 건
강하게 사는구나 싶도록 벽면에 닭의 효능이 쓰여 있다. 과장
되게 말하면, 한국에서는 식당만 돌아다녀도 동의보감을 꿸
수 있다.

　동의보감은 더 이상 의학서적이 아니다. 한의학과에서
그 책으로 어떤 공부를 하는지 상관없이 일반의 한국인은 이
를 경전으로 소비한다. 동의보감을 신주 모시듯 서가에 두고
수시로 펼쳐서 그 내용을 암기하고 그중 일부는 발췌하여 여
러 벽면에 새겨둔다. 말머리에 붙이는 "동의보감에 의하면"
은 "석가모니 가라사대", "공자님 왈", "예수님이 이르시길"

과 같은 등급의 신뢰 수준을 확보하게 해준다.

동의보감이 대중으로부터 경전과 같은 종교적 권위를 가지게 된 것은 고 이은성 작가에 의해서이다. 그는 1976년 동의보감의 편저자 허준 이야기를 MBC 드라마 '집념'으로 풀었다. 이 드라마는 제법 인기가 있었다. 이은성 작가는 이를 다시 소설로 지었고, 1990년 창작과비평사에서 《소설 동의보감》으로 간행되었다. 이 책의 인기는 상상을 초월하였다. 대한민국 국민이면 반드시 읽어야 하는 책으로 자리를 잡았다. 초중고교생의 필독서로 지정되기도 하였다. 《한글 동의보감》이나 《간추린 동의보감》 같은 수많은 유사 출판물도 시장에 깔렸다. 한마디로 '동의보감의 시대'였다.

1999년 《소설 동의보감》의 인기를 등에 지고 MBC는 또 한 편의 드라마를 내었다. '허준'이다. 당시에 드라마 '허준'을 모르면 간첩이었다. 이은성 작가가 만든 허준의 생애는 허구이고, 드라마의 내용도 허구임에도 온 국민은 이를 사실로 믿었다. 그 믿음이 얼마나 강렬하였는지 이전에는 쳐다보지도 않던 매실을 단박에 한국 최고의 건강식품으로 자리잡게 하였다.

매화나무는 한반도에서는 잘 자라지 않는다. 토종이 귀하였다. 새마을운동의 일환으로 농촌에 유실수가 널리 보급되었고, 하동과 광양을 비롯해 남부 일부 지역에 매화나무가 심어졌다. 대부분 일본종이었으며, 그런대로 잘 자랐다. 그러나 돈이 되지 않았다. 양조회사에서 매실주용으로 수매해갈 뿐 일반 수요가 없었다. 예부터 먹어온 것이 아니니 어떻게 먹어야 하는지조차 몰랐기 때문이었다.

드라마 '허준'에서 매실이 문득 등장한다. 돌림병에 듣는 약이 없어서 발을 동동 구르는데 허준이 매실을 가져오라 하여 이것으로 돌림병을 잡는다. 허구이다. 완벽한 허구이다. 그럼에도 허구의 매실은 떴다. 매실은 없어 못 파는 인기 상품이 되었다. 봄이면 가을 김장하듯 담그는 매실액도 이즈음에 개발되었다.

동의보감의 의학적 가치는 나는 모른다. 먹을거리만 보자면, 동의보감에는 물에서부터 온갖 곡식과 푸성귀, 동물 등 먹을 수 있는 거의 모든 것을 다루고 있다. 인간의 모든 먹을거리에서 약성과 독성을 찾는 것은 그 당시 의학 수준에서는 당연한 일일 것이다. 서양에서도 허브 식물 등을 약재로 다루는 전통이 있다. 한국을 비롯한 동양에서는 이런 생각을 약식동원藥食同源이라 하며, 히포크라테스가 "음식을 약으로 삼고 약을 음식으로 삼아라" 같은 말을 하였다고 하니 서양의학에서도 비슷한 생각을 하고 있었다고 볼 수 있다.

문제는, 인류 보편의 이 전통적 관념과 지식을 절대화하려는 이들이다. 동의보감을 경전으로 여기고 "동의보감에 의

하면" 하고 선언식으로 이 오랜 지식을 퍼뜨리고 있다. 그러면서 우리 조상들은 지혜로워서 건강한 삶을 영위하였다는 말을 만들고, 그와 관련한 음식을 약인양 판다.

약식동원이어야 했던 시대가 있기는 했다

흔히 약식동원이라 하지만, 예전에는 의식동원醫食同源이라는 말이 주로 쓰였다. 애초 중국에서 만든 말이다. 질병에 따라 음식을 골라 먹으면 그 질병을 치료할 수 있다는 관념의 표현이다. 서양에도 이런 관념이 오래전부터 있었다. 허브로 질병을 치료할 수 있다고 주장하는 아로마테라피가 그것이다. 한국에서는 1980년대 중반부터 의식동원이라는 말이 차츰 사라지고 약식동원이 득세하였다. 의료 행위가 먹는 것만을 뜻하는 것이 아닌 반면 약은 대부분 입으로 먹으니 약식동원이라는 말이 더 적합하다고 생각한 결과일 것이다.

약식동원을 한민족의 전통적 습생법인 듯이 말하는 이들이 있다. 크게 양보하여, 한민족이 먼 조상 때부터 약식동원을 한 신념으로 삼은 것이 분명하다 하여도, 이를 두고 조상의 지혜라 말하는 것은 바르지 않다. 의료 혜택을 받을 수 없으니 지푸라기라도 잡는 심정으로 음식에 그 어떤 질병 치유의 효과가 있었으면 하는 기대를 만들고, 그 기대는 목숨을

걸 정도로 긴박한 것이어서 약식동원을 종교적 신념으로까지 강화하였다고 해석하는 것이 바르다. 근대화 이전 한반도에서의 의료 사정을 생각하면 이 말은 쉽게 이해할 수 있다.

조선에서 의사는 귀한 존재였다. 한성에 사는 왕가와 일부 양반들이나 의료 혜택을 받을 수 있었지 그 아랫것들은 진맥조차 꿈꾸지 못하였다. 지방에는 향의라고 하는 이들이 있기는 있었는데, 글을 읽을 줄 아는 선비들이 이 노릇을 하였다. 그 얇은 본초학 서적 따위를 뒤적이며 이런저런 주먹구구의 처방을 하였다. 어의가 왕의 부스럼 하나 고치지 못해서 죽음에 이르게 하는 의료 수준인데, 향의가 병을 낫게 해줄 리가 없었다. 전염병이 돌면 떼죽음을 당해야 했던 시절이었다.

의료 혜택을 받을 수 없는 민중은 어떻게든 자력으로 치료법을 찾을 수밖에 없었다. '질병이 곧 죽음'이었던 시대였으니 병이 났다 하면 세상에 떠도는 온갖 방편들을 시도하였다. 조선 말이나 일제강점기에 이런 치료법을 적어놓은 책들을 보면, 다래끼가 나면 눈썹을 뽑아 돌 위에 놓고 누군가가 차기를 기다려라 같은, 예전 할머니들에게서 많이 들었던 정도의 주술적 치료법으로 채워져 있다. 그중에 많은 내용이 현재에도 민간요법이라는 이름으로 전해지고 있으며, 한국인 특유의 '몬도가네 습성'도 그 '전통' 안에 있다. 약식동원이라는 관념 역시 이 전통 안에 있는 것이다.

놀라운 것은, 근대 이후 서양에서 배워온 식품영양학의 지식까지 이 약식동원의 전통을 강화하는 데 이용되고 있다. 비타민이니 미네랄을 만병통치약이나 되는 듯이 떠든다. 대중이 원하는 딱 그 수준의 말을 해야 지위와 명예, 돈을 얻는다는 것을 '배웠다는 그들'이 너무나 잘 알고 있기 때문이다.

　　음식은 약이 아니다. 요리사는 의사가 아니다. 몸이 아프면 약을 먹고, 배가 고프면 음식을 먹어야 한다. 이 간단한 구별도 하지 않으려 한다면, 한국음식문화의 미래는 어둡다.

1부 갑과 을의 밥상

전국의 재래시장에서 흔히 볼 수 있는
좌판서점이다. 조선에서 대한민국으로 건너오는
과정에 있는 '한국 토착 지식인'의 정신세계를
이 책들에서 읽을 수 있으며, 약식동원의 정신적
맥락이 어디에 닿아 있는지도 알 수 있다.
아래 사진의 '굼벵이' 자리에 아무 음식이나
넣어보자. 대충 통할 것이다.

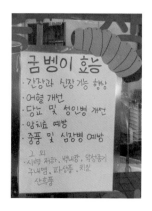

삼겹살 순대 돼지갈비 족발 돼지국밥의

내력

돼지든 닭이든 소든, 옛날 한반도에서 고기는 귀하였다. 사람이 먹을 것도 없어 굶주려 죽기 일쑤였던 시대가 오래도록 지속하였으며 고기를 먹는 호사는 아주 가끔 있는 일이었다. 조선의 농서와 조리서 등에도 고기 음식은 아주 가끔 등장할 뿐, 산과 들의 푸성귀를 어떻게 하면 먹을 수 있는지에 대한 정보만 가득하다. 소와 돼지만을 놓고 보자면 돼지를 더 많이 키웠을 법하나, 당시의 농업과 식량 상황을 고려하면 그렇지 않다. 소는 축력용으로 농사에 필요한 가축이지만, 돼지는 오직 고기만을 위해 키워야 하기 때문이다. 또 소는 풀을 먹이로 하므로 인간과의 먹이 경합이 벌어지지 않으나 돼지는 인간과 같은 잡식성 동물이라 기근이 닥치면 먹이 경합으로 사육이 곤란해질 수가 있었다.

《권업모범장 보고》등 일제강점기의 자료에 보면 돼지를 여자의 재산으로 묘사하고 있다. 여자가 돼지의 먹이를 마련하고, 이렇게 먹인 돼지를 팔아 번 돈은 여자의 소유가 된다고 적고 있다. 사람이 먹고 난 다음에 남은 음식물이 돼지의 먹이가 되고, 이를 챙겨 먹이는 사람이 여자이니 그 재산권이 여자에게 귀속되었던 것이다. 이런 풍습은 돼지 사육이 대규모화하는 1970년대 이전까지 이어졌다.

일제강점기는 소의 시대였다

일제는 한반도에서 키울 만한 경쟁력 있는 가축으로 소를 꼽았다. 일제는 식민지 농민에게 재래 소 사육을 적극적으로 권장하였는데, 1930년대 말, 사육 규모가 180만 마리나 된다. 2010년대의 한우 마릿수가 250만~280만 마리 수준이다. 당시의 인구를 고려하면 180만 마리라는 숫자는 엄청난 것이다.

따라서, 일제강점기에 쇠고기 음식이 대중음식으로 크

게 발달하였다. 불고기를 얼마나 먹었는지 평양 모란봉에서 불고기 굽는 것을 금지시키는 일까지 있었다. 쇠고기 국물에 말아 먹는 평양냉면이 번성한 것도 이 무렵의 일이다. 경성에서는 제일 흔한 식당이 설렁탕 집이었다. 그에 비해 돼지고기 식당은 드물었다. 대중적인 돼지고기 음식점도 없었다. 당시 고급 음식점이었던 청요릿집이나 기생집에서나 돼지고기 수육 정도를 내었을 것이다.

일제강점기 이전의 돼지고기 요리도 변변한 것이 보이지 않는다. 조선시대 조리서《시의전서》에 제육구이가 나오는데, 그 조리법은 "너비아니와 같으니라" 하고 말 뿐이다. 너비아니 조리법은 간장에 참기름, 후추, 파, 참깨 등으로 양념하여 굽는 것이다. 또 다른 조선시대 조리서인《수문사설》에는 돼지찜이 나오는데, 돼지 3마리를 겹쳐놓고 찌는 정도의 요리법이다. 기록에는 없지만, 돼지 요리법 중에 가장 흔한 것이 수육이었을 것이다. 가마솥에 돼지를 넣고 푹 삶아 썰어내는 음식이다. 여기에 된장 또는 김치 또는 새우젓만 있으면 더없이 만족스러운 것도 사실이다.

1970년대 드디어 '돼지의 시대'가 열렸다. 돼지를 제법 규모 있게 키우는 농가들이 등장하기 시작하였다. 애초 이들 농가는 국내 수요보다 수출용 돼지 사육에 집중하였다. 1980~90년대 돼지 사육은 상상을 초월할 정도로 그 규모를 키운다. 1970년 110만 마리 정도였던 돼지가 1990년 450만 마리, 2000년 820만 마리에 이른다. 2010년 이후 1,000만 마리를 오르락내리락한다.

돼지 사육 규모가 급격하게 확대된 것은 값싼 사료 덕이 컸다. 돼지 사료는 미국의 대농장에서 거두어진 곡물이다. 그 이전까지 농가에서는 돼지를 더 치고 싶어도 사료를 마련하는 데 어려움이 있었으나 값싼 수입 곡물이 이를 해결해주었다. 그러면서 전문적인 돼지 사육 농가가 늘어나기 시작하였다.

공급은 수요가 있을 때 생기는 것이다. 돼지 사육이 급격하게 늘어난 데에는 한반도에서의 '육식의 폭발'과도 관련이 있다. 1인당 고기 소비량을 보면, 1960년대에 비해 1980년대에 10배가 늘어난다. 한때 채식 민족이라 알려져 있던 한민족이 왜 갑자기 이렇게 많은 고기를 먹기 시작하였는지 묻는 것은 어리석은 질문이다. 주머니가 넉넉해지니 고기를 많이 먹게 된 것일 뿐이다. 어느 민족이든 기회만 있으면 채소나 곡물보다는 고기를 더 즐기게 되어 있다. 값싼 돼지고기의 공급과 넉넉해진 주머니라는 이 두 요소에 의해 한반도에서는 유래를 찾을 수 없는 돼지고기의 전성시대가 열리게 된 것이다.

돼지고기의 전성시대가 오기는 하였는데, 그 돼지고기 음식 중에 왜 하필이면 삼겹살, 돼지갈비, 순대, 족발, 돼지국밥 등이 한국의 대표적인 돼지고기 음식으로 자리를 잡게 되었는가 하는 의문이 있다. 한국의 대표적인 돼지고기 음식 안에는 안심과 등심의 음식이, 즉 스테이크며 돈가스같이 돼지의 살코기를 두툼하게 발라 조리하는 음식이 왜 없는가 하는 것이다.

1970년대 이래 한국에서의 대단위 돼지 사육 목적 중 하나는 돼지고기 수출이었다. 미국의 값싼 수입 사료가 있으니 한국 농민의 저렴한 노동력, 한국 농촌의 낮은 지가 등이 결합하면 값싼 돼지고기를 얻을 수 있을 것이라 수출업자들은 판단하였다. 또 여기에 높은 증체율을 보이는 요크셔의 보급까지 따라붙자 돼지고기 수출은 순풍을 만난 돛단배와 같았다. 수입국들은 그들이 원하는 부위만을 가져갔는데, 안심과 등심에 집중되었다. 그 나머지인 삼겹살과 갈비, 내장, 족발, 머리 등은 이 땅에 남았다. "한 지역에서 가장 쉽게 또 싸게 구할 수 있는 음식이 그 지역에서 가장 맛있는 음식이 된다"는 말이 있다. 한국인이 맛있다 여기는 삼겹살, 돼지갈비, 순대, 족발, 돼지국밥 등의 음식도 여기에 해당한다.

한국에서의 본격적인 양돈산업은 일본 자본이 관여하였다. 1960년대 일본은 경제부흥기를 맞아 돼지고기 수요가 급증하였고, 한국에서 일부 조달할 계획을 세웠다. 전후 한국은 대규모 양돈장을 조성할 여력이 없으니 일본이 자본을 대었고, 그 일본 자본을 받은 양돈장이 돼지고기를 일본에 수출하였다. 1973년의 관보에 그때의 사정을 알 수 있는 내용을 발견할 수 있는데, 외자 도입 축산기업에 대해 수출 자격을 준다는 행정 조치가 실려 있다. 축산기업의 명단도 있다.

1973년의 관보

한국인은 원래 삼겹살을 좋아하는 미각을 가지고 있다?

삼겹살은 돼지고기의 한 부위이다. 살과 비계가 층층이 '세겹'을 이룬다고 하여 얻은 이름이다. 그러니 삼겹살의 바른 이름은 세겹살이다. 1939년에 발행된 방신영의 《조선요리제법》에 이 세겹살이라는 단어가 나온다. "세겹살(뱃바지) : 배에 있는 고기(돈육 중에 제일 맛있는 고기)"라고 설명하고 있다. 이 책은 돼지고기 부위에 대한 설명으로 세겹살 외에는 비계를 하나 달랑 올려두었다. "비계 : 가죽 밑에 잇는 기름." 그 당시만 하더라도 돼지고기를 부위별로 나누어 요리하는 일이 없었음을 짐작할 수 있다. 부위를 따지지 않고 덩어리 고기를 가마솥에 넣고 푹 삶거나 얇게 저며 양념하여 굽거나 하는 것이 돼지고기 요리의 전부였을 것이다.

한국에서 삼겹살이라 하면, 이제 돼지고기의 특정 부위를 지칭하는 것이 아니다. 조금 정확히 부르자면 삼겹살구이일 것인데, 다들 삼겹살이라 줄여 말한다. 삼겹살이면 의당 구워야 한다는 강박까지 지니고 있다. 숯불이나 연탄불이든 가스불에 불판을 올렸든지 간에 삼겹살을 구워 먹는 음식이 삼겹살이다. 쌈 채소가 따르고 그 곁에서 두부며 버섯, 김치를 굽는다고 하여도 그 조리법을 보면 참 단순하다. 삼겹살은 양념 없이 그냥 굽기만 할 뿐이다.

돼지고기를 별다른 양념 없이 굽는 음식의 본래 이름은 소금구이이다. 이 소금구이에서 삼겹살이 분화된 것은 1970년대의 일이다. 돼지고기 수출이 본격적으로 일어날 때였다. 돼지고기는 부분육으로 수출되었다. 수입국들은 등심, 안심 등 비계가 없는 부위를 원하였고 삼겹살은 국내 소비로 돌리었다. 소금구이용으로 삼겹살이 많이 보급되면서 '소금구이는 삼겹살'이라는 관념이 만들어졌다. 1980년대에 들어서자 삼겹살은 전문점 형태로 서서히 번졌다. 여기에는 또 다른 하나의 요인이 작용하였다. 가스불이다.

　　LPG가 보급되기 전 식당에서는 숯불이나 연탄불에 고기를 구웠다. 숯과 연탄은 불을 붙이고 관리하는 일이 번거롭다. 그러니 손님 앞에 이 불을 놓고 직접 고기를 굽게 하는 일은 흔하지 않았다. 주방에서 고기를 구워 접시에 담아내었다. LPG는 식탁에 버너를 올릴 수 있게 하였다. 밸브를 돌리고 성냥만 그으면 불이 붙고, 또다시 밸브를 돌리면 불이 꺼지는 이 '신통방통한' 열기구는 외식업계의 지형을 바꾸어놓았다. 식탁에서 바로 조리하는 음식이 크게 번진 것이다. 그 음식 중에 삼겹살이 단연 돋보이게 성장을 하였다. 바로 코앞에서 지글지글 타는 돼지기름 냄새에 한국인은 혼을 빼앗긴 것이다.

일본은 처음에는 한국산 돼지고기를 지육으로 가져갔다. 1972~73년간에
일본에서는 돼지고기 가격 폭락 사태를 맞게 된다. 일본은 당시에 여러
나라에서 돼지고기를 수입하였는데, 일본인이 잘 먹지 않는 부위까지
들여오면서 발생한 일이었다. 일본은 부분육 수입으로 태세를 전환하였고,
한국에도 부분육 수출을 요구하였다. 한국에서는 수출 돼지고기의 구체적인
부위를 기록에 남기지 않았는데, 당시에는 부분육에 대한 개념조차 없었기
때문이다.

아래 자료는 일본의 것인데, 한국의 수출 관련 문헌에 인용된 것이다.
이 표에서 당시 일본이 어떤 부위의 돼지고기를 수입해갔는지 충분히
짐작할 수 있다. 110kg의 돼지를 잡았을 때에 삼겹살이 10kg, 등심이 7kg,
안심이 1kg 정도 나온다.(소수점 아래는 뺐다.) 일본이 부분육으로 수입한
돼지고기의 비율을 보면, 평균적으로, 삼겹살이 1마리분이라고 치면 등심은
6~7마리분이며 안심은 5~6마리분이다. 돼지를 부위별로 나눈 후에 전체를
수입하면 나올 수 없는 수치이다. 1978년부터의 기록인데, 일본의 사정으로
보아서는 1970년대 초반부터 이런 비율로 돼지고기를 수입했을 것으로 추측할
수 있다. 수입 삼겹살은 베이컨 가공용인데, 유럽의 것을 선호한다는 일본의
기록도 있다. 1970년대부터 한국 삼겹살이 대일 수출 길에 오르지 못했을
것이라는 내 주장은 이러한 자료를 근거로 하고 있다.

表 2 - 16 輸入豚肉의 部位別 輸入現況

單位 : %

	枝 肉	部	分	肉			
		어깨등심	등 심	삼겹살	안 심	햄(볼기살)	기 타
1978	1.1	19.5	49.8	9.7	5.9	12.6	1.4
1979	-	16.5	53.7	10.0	5.3	12.7	1.8
1980	-	19.0	53.2	10.2	6.7	8.8	2.1
1981	0.1	19.4	41.6	15.5	5.6	13.3	4.5
1982	3.3	17.2	46.6	10.8	4.8	12.7	4.6
1983	-	21.2	42.4	10.6	6.8	15.2	3.8
1984	-	23.0	46.0	11.0	8.0	9.0	3.0

資料 : 日本食鷄格付協會, 「部分豚流通調整報告書」.

일본 부분육 수입 자료▲

삼겹살 블랙홀이 되다

1990년대 들어 삼겹살 부족 사태를 맞게 되었다. 돼지 사육 마릿수는 늘었는데 삼겹살이 모자랐다. 마침내 외국에서 삼겹살을 수입하기 시작하였다. 돼지고기를 수출하면서 삼겹살을 수입하는 묘한 일이 벌어진 것이다. 육류업체들은 만족스러운 일이었다. 안심과 등심 등은 외국에 팔고 나머지 삼겹살은 국내에 팔았는데, 이제는 외국에서 수입한 삼겹살까지 국내에 팔 수 있게 되었다. 외국에서는 삼겹살을 잘 먹지 않아 가격이 저렴하므로 큰 이익을 남길 수 있는 사업 거리를 손에 쥔 것이다.

2000년대에 들어 삼겹살은 한국인의 소울푸드라는 이름을 갖게 되었다. 저녁이면 삼겹살에 소주 한잔하는 것이 한국인의 일상이 되었다. 언론은 한국인은 선천적으로 삼겹살을 좋아하는 유전 인자를 가지고 있는 것처럼 다루었다. 마침내 삼겹살 공화국이라는 말이 돌았다. 다른 한편으로 한국은 '전 세계 삼겹살의 블랙홀'이라는 말도 생겼다. 외국인은 잘 먹지 않는 삼겹살이 한국으로 몰리게 된 것이다.

이렇게 하여 한국인이 삼겹살을 싸게 먹고 있다면 좋은 일일 수도 있다. 문제는 가격이다. 소비자시민모임에서 해마다 미국, 일본, 중국, 영국, 프랑스 등 세계 13개국 주요 도시에서 판매되는 농축산물 등의 가격을 비교하는 자료를 내놓는데, 자국산 삼겹살 가격 비교에서 한국이 늘 1위를 차지하고 있다. 수입 삼겹살에 대한 가격 비교는 없으나 여러 나라에서 삼겹살을 사본 사람들은 국산이든 수입이든 한국에서 팔리는 삼겹살이 가장 비싸다는 것을 잘 알고 있다. 근래에는 스페인에서 이베리코 삼겹살이 국내에 수입되고 국산 삼겹살보다 비싸게 팔리고 있다.

육류업체들은 한국인의 삼겹살 선호를 앞으로도 계속 부추길 것이다. 한국인은 원래 삼겹살을 좋아하는 입맛을 가지고 있다고 홍보를 하여 소비자의 기호에 확신을 심어줄 것이다. 여기에서 벗어날 길은 없어 보인다. 한국인이 삼겹살에 이미 입맛을 깊이 들인 것이 그 첫째 이유이고, 마진 좋은 수입 삼겹살로 돈을 벌 기회가 육류업체들 앞에 놓여 있기 때문이다. 인간은 자신이 속한 집단에 넉넉하게 주어지는 음식을 맛있다고 여기며, 자본주의 사회에서 그 넉넉함의 기준은 자본이 결정하게 되어 있다.

왼쪽 기사는 1974년 8월 12일자 매일경제 기사이다. 당시 박정희
정부는 외화벌이에 집중하던 시기여서 돼지고기 대일 수출
실적은 당시 언론에 대대적으로 보도되었다.
오른쪽 기사는 1974년 동아일보 기사이다. 돼지의 세겹살과
내장 부위 조리법이 실려 있다. 등심과 안심 요리는 없다. 일본에
수출하고 난 나머지 부위를 국내에서 소비하여야 하니 언론의
홍보가 필요하였고, 그래서 동아일보사가 대대적으로 지면을
할애한 것이라고 볼 수 있다. 삼겹살을 세겹살이라 하였고, 삶아서
먹으라고 하고 있다. 1970년대 중반만 하더라도 한국인에게
'삼겹살 신화' 같은 것은 없었다.

삼겹살과

생선회는

같은
음식이다

한국음식에 대해 전혀 알지 못하는 외국인이 독자 여러분 앞에 있다고 상상을 해보자. 그에게 그 어떤 한국음식을 설명해야 하는 미션이 주어졌다고 치자. 더 구체적으로는, 여러분이 설명하여야 하는 그 어떤 한국음식의 맛을 그가 충분히 머릿속에 그릴 수 있도록 하여야 한다. 자, 설명해야 하는 한국음식은, 삼겹살이다. 여러분은 어떤 설명을 할 수 있겠는가. 외국의 돼지고기구이와 어떻게 다르다고 그 차별의 지점을 찍어 설명할 수 있겠는가.

돼지고기구이는 돼지고기를 식용으로 하는 모든 지역에 있다. 삼겹살을 구워 먹는 일도 물론 있다. 그러니까 한국음식 삼겹살을 세계의 여느 돼지고기구이와 구별하여 설명하기 위해서는 "삼겹살 부위를 구워 먹는다"는 정도로는 턱없이 부족하다. 설명을 듣는 외국인도 한국음식 삼겹살의 맛을 머리에 그리지 못할 것이다.

삼겹살을 굽는다는 것만으로는 한국음식으로서의 특징이 발견되지 않으니 조금 더 깊이 들어가보자. 한국만의 특징 있는 소스가 있는가. 파채나 양파채 등에 뿌려진 간장이 있기는 한데, 일본의 고기구이에서도 비슷한 소스가 발견되어 그렇게 강렬한 차별화 요소가 되지 못한다. 더 특징적인 것을 찾아보자. 쌈장이 있다. 된장을 기본으로 하여 고추장이나 고춧가루, 마늘, 참기름 등으로 맛을 낸 소스이다. 그런데, 간장과 마찬가지로 일본이나 중국에서도 콩으로 발효한 장류 소스가 고기 음식에 종종 발견된다.

사실, 음식의 재료와 조리법만으로 특정 민족이나 국가의 음식을 구획한다는 것은 어렵다. 재료는 민족과 국가의 경계를 너무나 쉽게 넘나들며, 조리법 역시 꼼꼼히 살피면 굽거나 찌거나 볶거나 끓이거나 삭이거나 하는 것이 대부분 비슷하다. 특히 한·중·일같이 바로 이웃하고 있는 민족 또는 국가들의 음식은 오랜 교류로 인하여 차별점보다 공통점을 발견하는 것이 더 쉬운 일이기도 하다.

그렇다고 삼겹살에 대한 설명을 포기할 것은 아니다. 다시 삼겹살이 있는 식탁에 눈길을 주어보자. 마늘이며 풋고추, 상추, 깻잎 등이 보인다. 한국적 채소이기는 하나 외국의 고기구이에도 채소(특히 향신 채소)가 놓이는 것은 흔한 일이다. 불판에 올려진 김치와 두부 등도 보이는데, 이게 없다고 삼겹살이 아닌 것은 아니다. 이즈음에서 아예 재료와 조리법을 버려보자. 먹는 방식에서 한국음식 삼겹살의 분명한 차별 지점이 발견될 수 있다. 바로 쌈이다.

삼겹살을 우리는 쌈으로 먹는다

삼겹살은 한반도에 오래전부터 있었던 음식은 아니다. 1970년대 프로판가스가 보급되고 이 가스를 이용한 식탁용 조리 기구가 개발되면서 외식업계에 퍼진 음식이다. 조리법으로 보자면 요리라 할 것도 없다. 불에다 삼겹살을 올려 굽기만 하면 되는 음식이기 때문이다. 한국음식 삼겹살은 그다음의 공정에서 전 세계의 여느 고기구이와는 차별화된 그 무엇을 우리에게 보여준다. 구워진 삼겹살은 쌈장과 함께 상추 또는 깻잎 위에 올려지고 기호에 따라 풋고추와 마늘 등을 첨가하여 쌈을 싸서 먹는다.

물론 쌈을 싸서 먹지 않는 사람들도 있다. 그렇다고 "나는 쌈을 싸지 않는다. 그러니 이 주장은 모든 삼겹살을 설명하지 못한다"와 같은 말은 하지 말기 바란다. 세상 사람들의 모든 기호를 나는 존중하며, 또 마땅히 존중받아야 한다. 그런데, 음식문화를 논하는 자리에서 개인의 기호를 주장하는 것은 바르지 않다. 햄버거 가게에 가서 "나는 빵과 패티를 따로 먹으니 이를 분리해 달라"고 주문할 수는 있다. 마찬가지로 삼겹살집에 가서 "나는 쌈을 먹지 않으니 쌈장과 쌈 채소는 내놓지 말라"고 할 수도 있다. 그렇다고 햄버거 가게가 빵과 패티를 분리해 판매하는 제품을 만들지 않을 것이며, 마찬가지로 삼겹살집이 쌈장과 쌈 채소를 내놓지 않을 리가 없다.

한때에 다양한 방식의 삼겹살이 등장하기도 하였다. 삼겹살을 와인에 재워 숙성하거나 콩가루에 찍어 먹기도 하였다. 그러나 이 모든 방식은 잠깐의 유행으로 끝났다. 우리가 삼겹살이란 음식에서 어떤 맛을 바라는지 그때 우리는 스스로 확인하였다. 우리는 어떤 식으로 구워진 삼겹살이든 여전히 쌈을 싸고 있다.

그 쌈에 못 쌀 것이 없다

상추와 깻잎을 순서대로 손바닥에다 올리고 고소하고 달콤하고 짭짤한 쌈장을 바른 후 풋고추와 마늘을 올린 다음에, 그다음에 말이다, 삼겹살이 없다고 생각해보자. 삼겹살 상차림에서 상추와 깻잎, 쌈장, 풋고추, 마늘 등만 남기고 갑자기 삼겹살을 가져가 버린다면, 그리고 나서 삼겹살 말고 다른 음식을 선택하라고 한다면 그 쌈과 함께 여러분은 무엇을 먹겠는가.

삼겹살 대신에 제안되는 음식으로는 다음의 것들이 있을 수 있다. 쇠고기 등심구이, 소불고기, 돼지갈비, 제육볶음, 오리구이, 닭갈비, 꼼장어구이, 민물장어구이, 과메기, 캔 참치, 생멸치조림, 꽁치조림, 광어회, 우럭회, 가자미회⋯ 심지어 그냥 밥.

상추와 깻잎에 쌈장을 바르고 풋고추와 마늘을 올린 쌈에 그 무엇이 들어가든 한국인의 입에는 맛있다. 그 안의 재료가 무엇이든 맛의 포인트도 크게 다르지 않다. 한국인이 진정으로 좋아하는 것은 삼겹살이 아니라 이 쌈이다. 한국인은 쇠고기 등심구이, 소불고기, 돼지갈비, 제육볶음, 오리구이, 닭갈비, 꼼장어구이, 민물장어구이, 과메기, 캔 참치, 생멸치조림, 꽁치조림, 광어회, 우럭회, 가자미회⋯ 심지어 밥을 좋아하는 것이 아니라 쌈을 좋아한다고 말할 수도 있다.

한국인의 밥상을 보면, 특히 외식에서의 밥상을 보면, 이 쌈이 기본으로 깔린다. 싸서 먹을 것이 없어 보이는데도 쌈 채소와 쌈장이 오른다. 심지어 김치찌개 같은 음식에도 찌개에 들어간 돼지고기를 싸서 먹으라고 쌈이 나온다. 쌈이면 웬만하면 다 맛있어한다는 것을 잘 아는 까닭이다. 대충의 재료로 대충 조리하여 내어도 쌈이 있으면 대충 잘 먹어낸다는 것을 잘 아는 까닭이다.

쌈이 맛있다는 것은 부정할 수 없다. 그렇다고 그 쌈을 모든 음식에 적용하는 것이 과연 음식을 맛있게 즐기는 방식인지는 의심해보아야 한다. 삼겹살과 광어회가 같은 맛의 쌈에 싸여서 입에 들어온다는 것이, 삼겹살과 광어회가 결국에는 비슷한 맛이 나는 음식으로 분류될 수 있다는 것이, 이 무개성의 음식이, 참으로 기기묘묘하지 않은가.

한국의
삼겹살구이에는
반드시 쌈이 오른다.
삼겹살만이 아니라
거의 모든 고기구이와
생선회에 쌈이 따른다.
한국음식에서 가장
큰 특징을 들라 하면
쌈이다.

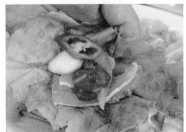

2부

한 식   세 계 화
네 버 다 이

한식 세계화와

민족주의

'우리 한국인'은 한국음식에 대한 자존심을 다들 어느 정도
씩은 가지고 있다. 외국에서 한국음식이 인기라는 뉴스를 접
하면 누구든 자랑스러움을 느낀다. 나도 그렇다. 이러한 민족
감정은 태생적 요소에 기대는 바가 크다. 내 가족에 대한 사
랑, 내 고향에 대한 사랑과 연결되어 있는 감정이다. 지구상
의 모든 인간에게 이와 같은 감정은 제각각으로 있다. 한데,
'우리 한국인'은 이 감정을 각별히 여긴다. 심지어 정부가 나

서 정책적으로 이 감정을 공고히 하고 확장하여야 한다고 여긴다. 그중의 하나가 한식 세계화 정책이다.

"정부가 한식 세계화 정책을 추진하여야 한다고 생각하는 분은 손을 들어보세요. 아닙니다. 너무 빤한 질문이니 바꾸어 말해보겠습니다. 정부의 한식 세계화 정책을 반대하시는 분은 손을 들어보세요." 강연에서 청중을 향해 가끔 이런 질문을 던진다. 결과는, 손드는 이가 거의 없다. 반대 의견을 낸다고 하여도 "정부가 한식 세계화 정책을 추진하는 것은 맞는데, 그 추진의 구체적 방법들에 문제가 있다"는 정도이다. 우리는 왜 정부가 그러한 일을 마땅히 하여야 한다고 생각하는지 그 근원에 대해 질문을 던질 필요가 있다.

지구상의 모든 음식이 한식이다?

정부가 한식 세계화 정책을 실행하려면, 한식에 대한 개념이 행정적으로, 나아가 법적으로 정립되어야 한다. 무엇이 한식인지 행정적, 법적으로 분명하여야 정책 지원의 대상을 분별할 수 있기 때문이다. 실제로 카페 사업자가 고구마라떼로, 치킨 사업자가 양념치킨으로 정부의 한식 세계화 지원을 받을 수 있는지에 대해 논란이 일었던 것도 궁극적으로는 한식에 대한 개념이 행정적, 법적으로 분명하지 않았기 때문이다.

그러면, 이를 정부가 정하면 된다고 생각하는가. 문화를 정부가 분류하고 정한다….

국민이 원한다면 그럴 수도 있을 것이나, 나는 반대이다. 정부가 관여할 수 있는 일에도 한계가 있다. 여러 문화의 개념을 정부가 나서 정한다면 그 국가는 파시즘 국가라고 할 수 있다. 자유민주주의 대한민국의 헌법 정신에 흠집을 내는 일이 될 것이다.

한식 말고 다른 문화를 예로 들면 이해가 쉽다. 정부가 K팝 세계화 정책을 편다고 가정해보자. K팝을 지원하려면 K팝의 행정적, 법적 개념이 먼저 서야 할 것이다. 그래서, "K팝은 한국어 가사가 절반 이상이어야 하고 음률에서 한국 고유의 정서가 느껴져야 하며…" 하고 정하였다 하자. 당장에 음악인들이 광화문 한복판에 이 같은 문구의 피켓을 들고 나설 것이다. "문화예술에 정부는 간섭하지 말라." 한국문학은 어떨까. "한국문학은 한국 국적의 문학가가 한글로 써야 하며 문장에서 한국 고유의 서정이 느껴지고…" 문학인의 시위가 이어질 것이다.

음식은 주인이 없는 문화여서인지 아니면 주인이 온 국민이어서 스스로 주인 의식을 가지지 못한 탓인지 정부가 나서 그 일을 하겠다고 하여도 반대가 없다. "한식이 세계화되면 좋은 일이지 뭐" 할 뿐이다. 물론 한식이라는 음식 상품이 국내외에서 인기를 얻어 국내 농수축산물 생산자와 식품 제조자, 그리고 유통업자와 외식업자 두루 경제적 이득을 보게 하겠다는 것에는 나도 동의한다. 그런데, 그런 일을 하는 정부기관이 한국농수산식품유통공사 등 이미 여럿 있다. 한식을 산업으로 보고 정책을 추진하고 있다. 한식을 산업이 아니라 문화의 개념에서 법적, 행정적 정의를 내리려고 하는 데에 문제가 있는 것이다.

대한민국은 파쇼를 허락하지 않았다

이명박 정부가 한식 세계화 정책을 추진할 때부터 말이 돌았던 법안이 있다. 한식진흥법이다. 박근혜를 거쳐 문재인 정부가 들어섰음에도 이 법안이 국회에 떠돌고 있다. 이 법안에 등장하는 한식의 법적 개념부터 살펴보자. 법안의 제2조에 한식의 정의가 등장한다.

〈제2조 1. "한식韓食"이란 우리나라에서 사용되어 온 식재료 또는 그와 유사한 식재료를 사용하여 우리나라 고유의 조리 방법 또는 그와 유사한 조리 방법을 이용하여 만들어진 음식과 그 음식과 관련된 유·무형의 자원 활동 및 음식문화를 말한다.〉

먼저 "우리나라에서 사용되어 온 식재료 또는 그와 유

사한 식재료"부터 살펴보자. "우리나라에서 사용되어 온 식재료"에 고추가 있으니 "그와 유사한 식재료"인 파프리카며 할라페뇨 등 이 세상의 모든 고추류는 다 한식 재료에 포함된다. "우리나라에서 사용되어 온 식재료"에 땅콩이 있으니 "그와 유사한 식재료"인 아몬드, 캐슈넛, 피스타치오 등 이 세상의 모든 견과류가 다 한식 재료에 포함된다. 식재료는 자연물이다. 이 자연물의 세계는 서로 엮이어 있어 그 유사성을 따지면 한식 식재료로 포함시키지 못할 식재료는 이 지구에 존재하지 않는다. 그러니까 "우리나라에서 사용되어 온 식재료 또는 그와 유사한 식재료"는 '지구에 존재하는 인간이 먹는 모든 재료'라는 뜻이다.

또한, "우리나라 고유의 조리 방법 또는 그와 유사한 조리 방법"도 마찬가지다. "우리나라 고유의 조리 방법"에 달걀 지단 만드는 방법이 있다고 하자. 달걀을 깨뜨려 휘휘 저은 후 팬에 익힌다. 그러면 "그와 유사한 조리 방법"으로 스크램블드에그 등 전 세계의 달걀 팬 요리는 모두 한식이 된다. "우리나라 고유의 조리 방법"으로 채소를 익혀 양념으로 무치는 나물 조리법이 있다고 하면, "그와 유사한 조리 방법"으로 서양의 익혀서 먹는 샐러드도 한식에 포함될 것이다. 조리 방법이란 재료를 자르고 뜯고 볶고 찌고 끓이고 튀기는 것이 세계 공통이다. "우리나라 고유의 조리 방법 또는 그와 유사한 조리 방법"이란 '지구에 존재하는 인간의 모든 조리 방법'이란 뜻이다.

한식의 법적 정의가 왜 이 모양이냐 하면, 음식이란 것 자체가 지역과 사람으로 딱 잘라서 분별하기가 곤란한 인간의 문명 활동이기 때문이다. 그러니 한반도의 한국인이 먹는 음식을 한식이라는 이름으로 법적인 정의를 하겠다는 것 자체가 코미디이다.

음식을 문화라고 하는 까닭은, 음식에 그 음식을 즐기는 사람들의 삶의 정체성이 담겨 있기 때문이다. 그러므로 한식을 법으로 규정한다는 것은 곧 그 한식을 먹고 있는 한국인의 삶의 정체성을 법으로 규정하겠다는 뜻이다. 대한민국 국민은 국가에 자기 삶의 정체성을 규정하도록 허락한 적이 없다. 대한민국은 파쇼를 허락하지 않았다. 이 파쇼적인 법안이 아직 국회 안에서 떠돌고 있다는 것은 입법부가 국민을 모독하는 일이다.

이명박 대통령의 부인 김윤옥 여사가 한식
세계화의 전도사 역할을 하였다. 한식 세계화를
위해 한식재단을 만들고 그 예산으로 김윤옥
여사를 주인공으로 하는 책자를 만들기도
하였다. 결국은 구설에 올라 배포되지 못하였다.
사진은 그 책의 일부이다. 제목을 다시 붙인다면
'김윤옥 여사의 화려한 청와대 생활' 정도 되는
책자이다. 신선로가 등장하는데, 청와대 국빈
만찬에 올린다고 자랑하고 있다. 거의 모든
한국인은 신선로를 먹어본 적이 없고 요리할
줄도 모르며 집에 신선로 식기를 가지고 있지도
않다. 한식 세계화는 '청와대 영부인 놀이'였다.

대한민국은 한민족공화국이 아니다

"한식은 아름답고, 맛있으며, 그리고 세계적으로 유래를 찾기 어려울 만큼 건강에 좋은 음식으로…" 정부의 한식 세계화 사업을 맡아 진행하고 있는 한식진흥원 홈페이지에서 볼 수 있는 한식에 대한 설명이다.

"자랑할 조선양념. 개량보다도 원상회복이 급한, 세계에 자랑할 만한 조선료리." 조선을 한국, 료리를 요리로 바꾸면 지금의 글이라 하여도 될 것이다. 글 내용에도 '조선료리'가 얼마나 뛰어난 음식인지 구구절절 읊고 있다. 이 글은 놀랍게도 1923년 1월 2일자 동아일보에 실린 것이다. 한식진흥원 홈페이지의 '한식 자랑'과 별 차이가 없다.

"일본인들이 우리나라 김치 맛을 본 후에는 귀국할 생각조차 업서진다니 더 말할 것도 업고 서양 사람들도 대개는 맛만 보면 미치는 것이 나는 서양 음식을 먹고 그러케 미처 보지 못한 것에 비하면 아마도 세계 어느 나라 음식 가운데 에든지 우리나라 김치는 조곰도 손색이 업슬 뿐 안이오 나에게 물을 것 가트면 세게 데일이라고 하겟슴니다."

1928년《별건곤》이라는 잡지에 실린 '조선 김치 예찬'이다. 요즘 맞춤법으로 고쳐 쓰면 당장에 어디 실어도 어색하지 않을 것이다. 그때 벌써 '세계 제일'인 김치가 왜 아직도 세계화되지 못하여 미국 잡지며 뉴욕 한복판에다 돈을 들여 광고해야 하는지 '대략 난감'하지 않을 수 없다.

1920~30년대 자료를 보면 유독 조선료리(요즘 말로는 한식)에 대한 자부심이 크다. 정치적 배경이 있다. 이 무렵, 세계는 민족자결주의라는 정치적 흐름 안에 놓여 있었다. 1919년의 3.1혁명도 이 세계사적 흐름 안에서 일어난 일이었다. 독립은 어려운 일이나, 음식으로라도 민족자결의 숨결을 퍼뜨리고자 하는 당시 지식인의 고달픈 노력이 이 글들에 담겨있다.

3.1혁명은 일제의 폭력적 탄압으로 좌절되었다. 좌절될 줄 알면서 벌인 혁명이기도 하였다. 이 혁명 정신을 이어받아 상해임시정부가 수립되었다. 무력 투쟁으로 독립을 쟁취하려는 이들과 함께 정신적인 독립 투쟁의 움직임도 발생하였다. 민족주의 계몽 운동이다. 장차 민족국가를 수립하려면 당시 조선반도의 사람들이 한 핏줄이라는 민족적 정체성을 확보할 필요가 있다고 생각한 것이다. 5,000년의 유구한 역사를 알리고 조선민족이 얼마나 훌륭한 문화를 지니고 있는지 민중에게 가르쳐야 했다. 조선의 일상 문화에 대한 자존심도 강화하였는데, 여기에 음식 문화가 포함되었다. 지식인들이 김치, 불고기, 냉면 등 당시 조선요리가 얼마나 훌륭한 음식인지 자부심이 넘치도록 설명하였다.

1945년 8월 15일 대한민국은 독립하였다. 그러면서 민족주의는 폐기되었어야 하였다. 민족주의는 독립 국가를 이루기 위한 수단적 이데올로기일 뿐이므로 독립 국가를 이루었으니 민족주의는 그 임무를 다한 것이었다. 민족주의는 한 국가가 지향해야 하는 이데올로기가 아니다. 국가 권력이 민족주의를 지향하는 순간 전체주의 국가로 전락하게 된다. 일본 군국주의가, 독일의 나치즘이 어떠하였는지 광복 바로 직전의 역사에서 우리는 빤히 보았었다. 그럼에도 광복 후 한반도에서는 민족주의를 털어내지 못하였다. 좌우 갈등 때문이었다. 서로 '민족'을 앞세워 정통성을 주장하였다. 이승만은 민족의 아버지고, 김일성은 민족의 영웅이었다.

독재자 박정희는 민족주의를 더욱 공고히 하였다. 유신을 선포한 후 온 국민에게 외우도록 강요한 국민교육헌장은 이 문장으로 시작한다. "우리는 민족 중흥의 역사적 사명을 띠고 이 땅에 태어났다." 박정희는 민족의 영도자였다. 기묘하게도 반독재 민주 세력도 민족 모순을 말하였다. 미군이 한반도에 주둔하고 있는 탓이었다. 그래서 한국에서는 그 어떤 정치권력이 집권하든 민족을 앞세웠다. 좌파도 민족주의자이고 우파도 민족주의자이다. 촛불혁명의 민중도 민족주의자이고 서울광장 태극기부대 시위대도 민족주의자이다.

정치인은 국민의 정서를 거부할 수가 없다. 권력을 쥐려면 국민의 생각에 맞추어 말을 하여야 한다. 그러니 한국의 거의 모든 정치인은 민족주의자이다. 정책도 그러하다. 이명박 정부에서 추진된 한식 세계화 정책이 문재인 정부에 들어와서는 한식진흥법 제정 움직임으로 그 맥이 이어지고 있다. 폐기되었어야 할 민족주의가 이 한반도에 살아남은 것은 분단이 가장 큰 원인이었다. 남북이 교류를 하고 마침내 통일을 이룬다면 민족주의는 이 땅에서 사라질 것이다. 그 이전에는 여전히 민족주의는 강력히 버틸 것인데, 음식민족주의 역시 그만한 힘을 가지고 유지될 것이다. 여기 이 책에서 내가 한식 세계화와 음식민족주의에 대해 아무리 날선 비판을 하여도 당분간 내가 몸담고 있는 한국의 음식 문화판은 변함이 없을 것이다. 그럼에도 이 말은 남겨두고자 한다.

"대한민국은 민주공화국이다. 한민족공화국이 아니다."

민주공화정의 시민으로서 정신적 독립을 이루어야 한다. 시민으로서의 자존심, 나아가 인간으로서의 존엄은 정신적 독립의 상태에 이르렀을 때에 저절로 생겨나는 것이다.

한국음식이기만
하면

슬로푸드

한국은 슬로푸드 공화국이다. 방송을 보면 슬로푸드가 아닌 한국음식이 없다. "이게 바로 슬로푸드지요." 농어촌에서 밥상이 등장하면 진행자는 이 말부터 하여야 한다. 이건 공식이다. 출연자도 "저희는 슬로푸드를 먹어서 건강해요" 같은 멘트를 날려주어야 한다.

이들에게 "슬로푸드가 뭐예요?" 하고 물으면 열에 아홉은 "전통 된장이나 김치처럼 '천천히' 제조하여 이를 가지고 주방에서 '천천히' 조리하여 먹는 음식"이라고 말한다. 일반인이 그렇게 말했다면 이해할 수도 있을 것이나, 음식 전공자들도 그렇게 말한다. 심지어 한국음식 자체가 슬로푸드라고 주장하는 이들도 있다. 장이나 김치처럼 '천천히' 발효하여 먹는 음식이 한국에 많다는 것이다. 되묻고 싶다.

"식품 대기업이, 나아가 글로벌 식품기업이, 한국 전통의 장과 김치를 천천히 발효하여 판매하면 그것도 슬로푸드인가요?"

슬로푸드는 그 제조법의 특징을 분류 기준으로 삼아 만든 단어가 아니다. 사회·경제적 혹은 정치적, 이데올로기적 용어이다. 운동성을 내포하고 있다는 뜻이다. 그러니까 슬로푸드라는 단어에는 "무엇을 반대하고 무엇을 지향한다"는 의지가 담겨 있다. 반대의 대상은 세계화이고, 지향점은 지역적 삶이다.

그들식의 신토불이운동

"경남대 교수 김종덕은 슬로푸드는 특정한 종류라기보다는 먹거리를 생산하고 가공하는 방식과 관련된 것이라며 ① 슬로푸드는 자연의 시간에 따라 생산한 것이다, ② 슬로푸드의 재료는 최첨단의 기술을 이용하기보다는 농민들이 수천 년

동안 발전시켜 온 전통적인 방식을 이용하여 만든 것이다, ③ 슬로푸드는 사람의 손맛이 들어간 것이다, ④ 슬로푸드는 인공적인 숙성이 아니라 자연적인 숙성이나 발효 과정을 거친 것이다, ⑤ 슬로푸드는 음식에 대해 생각하고, 음식을 만든 사람에게 감사하며, 음식을 음미하면서 먹는 것이다 등으로 정의하였다."

이는 강준만 교수의 《세계문화사전》에 실린 글이다. 한국에 슬로푸드운동을 알린 이는 김종덕 교수이다. 현재에도 한국슬로푸드운동의 중심에 늘 그가 있다. 슬로푸드라는 개념을 국외에서 가져오면서 적잖은 혼돈이 발생하고 있는 현실에서 슬로푸드에 대한 그의 '번안'을 되씹어보는 일은 중요하다.

김 교수가 말하는 슬로푸드의 정의에서 주목할 것은 "특정한 종류라기보다는 먹거리를 생산하고 가공하는 방식과 관련된 것"이란 부분이다. 슬로푸드운동은 "먹거리를 생산하고 가공하는 방식과 관련"하여 지금의 상황에 어떤 문제가 있음을 전제하고 있다. 그 문제의 음식이 패스트푸드이다. 슬로푸드가 "특정한 종류"가 아니듯 패스트푸드도 햄버거 같은 "특정한 종류"를 말하는 것이 아니다. "먹거리를 생산하고 가공하는 방식과 관련된" 그 무엇으로 패스트푸드라는 개념이 정립된다. 이어서 김 교수는 자연, 전통, 그리고 미식을 강조한 슬로푸드의 정의를 설명하고 있다. 여기서 슬로푸드운동 탄생의 정치·사회적 배경에 대한 결정적 요소 하나를 빼놓았다. '반자본'이다.

패스트푸드는 산업자본주의 산물이다. 산업자본주의는 농민을 노동자로 만들었다. 농민은 스스로 먹을거리를 확보하나, 노동자는 노임으로 먹을거리를 사야 한다. 노동자의 먹을거리 시장이 열린 것인데, 여기에 자본이 관여하였다. 자본은 노동자들이 노동에만 집중할 수 있도록 싸고 간편하게 먹을 수 있는 음식을 제공하였고, 그게 패스트푸드이다.

이탈리아에서 슬로푸드운동이 시작된 그 시기에 자본은 글로벌화하고 있었다.(1984년이다. 이 해에 GATT체제는 세계화의 기치를 높이 내걸었다.) 사회주의 전통이 강하였던 이탈리아에서 자본의 글로벌화는 거북한 일이었다. 특히 GATT체제는 농축산물과 식품에 대한 무역 장벽을 적극적으로 무너뜨리려 하였다. '신대륙'의 값싼 농축산물과 식품을 막아내야 한다는 과제가 '구대륙'의 그들에게 주어졌다. 그렇게 해서 내세운 것이 슬로푸드이다. 신대륙의 먹을거리를 패스트푸드로 규정하면서 자신들의 음식에 인문학적 가치를 부여한 것이 바로 슬로푸드이다. 굳이 비유하자면, 한국에서 외국 농축산물을 막자고 만든 '신토불이운동'과 유사하다. 다른 게 있다면, 그들은 철학적이며 심지어 정치적이다.

웰빙, 로하스 등과 다른 점은 분명 있다

한국에 들어온 슬로푸드운동은 그 탄생의 배경을 철저히 무시하면서 전개되었다. 대신에 전통과 건강이 강조되었다. 웰빙이니 로하스니 하는 개념들과 다름이 없다. 한국만의 특이한 슬로푸드가 번창하고 있는 것이다.

　프랜차이즈 죽집임에도 그 음식이 '한국 전통'의 죽이니 슬로푸드 간판을 달아 홍보하고, 전 세계에 매장을 둔 획일화한 맛의 햄버거를 슬로푸드의 적으로 삼으면서 획일화한 맛의 비빔밥을 한국의 슬로푸드로 세계화하여야 한다는 주장이 펼쳐진다. 심지어 국내에서 열린 국제슬로푸드대회 개막식에 TV 드라마 '대장금'이 주요 테마로 등장한다.

　다시 말하지만, 슬로푸드는 어떤 특정의 음식 그 자체를 말한다기보다 일종의 운동성을 지니고 있는 음식이다. 그 운동성이란 '산업화 이후 인간 세상에 대한 거부' 같은 것인데, 이 운동성에 무게 중심을 두고 슬로푸드를 설명하자면, "인간을 시간의 노예 상태에서 해방시키기 위한 음식"이라고 할 수 있을 것이다.

　그러면, "슬로푸드 먹자는 사람들 좌파 아냐? 빨갱이구만!" 하고 생각할 것인데, 맞다. 슬로푸드운동의 시발 자체가 좌파적이다. 슬로푸드를 국내에 이식한 이들은 한국인의 레드 콤플렉스를 이겨낼 자신이 없었고, 그래서 이 부분은 강조되지 않았다. 그러나 슬로푸드 탄생의 뿌리가 무시되고 그 말만 받아쓰겠다 하여서는 우리가 실제로 얻을 수 있는 것은 없다. 웰빙이니 로하스니 하는 헛것의 말에서 얻을 것이 없었듯이 말이다.

2013년 경기도 남양주에서 국제슬로푸드대회가 열렸다. 개막식에서 텔레비전 드라마 '대장금'의 한 장면이 등장하였다. 봉건왕조의 의녀가 한국 슬로푸드의 한 상징으로 소비되기를 그들은 원하였고, 이 바람에 슬로푸드 운동의 정치적 사회적 의미는 화면 너머로 사라져버렸다. 한국음식이기만 하면 슬로푸드라고 주장하는 이들의 입장이 적극적으로 반영된 행사였다.

한국과 유럽은 달랐다

한편으로는, 이탈리아를 비롯한 유럽의 슬로푸드운동이 한국적 상황에 과연 적합한지 의심을 해볼 필요도 있다. 그들과 우리의 먹을거리 사정은 달라도 너무 다르다. 유럽과 한국은 산업화의 역사부터 다르다. 그들은 200년 정도의 긴 시간을 두고 서서히 산업화하였다. 한국은 그 200년간에 벌어질 일을 단 30년 만에 해치웠다. 이를 '한강의 기적' 또는 '압축 성장'이라 한다.

'압축 성장'의 과정에서 전통 농업사회는 노동자의 먹을거리 시장에 공급할 가공식품의 생산은 꿈도 꾸지 못하였다. 농민이나 노동자나 입에 풀칠하는 것이 급하였기 때문이다. 노동자들이 다소 여유로운 삶을 영위할 수 있게 된 것은 1980년대 들어서인데, 그때에는 벌써 산업자본이 노동자의 먹을거리 시장을 점령하였고, 농민은 이 시장에서 완전히 격리되었다.

한국의 1980년대는 햄버거에 치킨, 피자 등 패스트푸드가 맹렬히 시장을 점령해나간 시기였다. 또 저가의 공장 생산 재료를 기반으로 한 프랜차이즈 형태의 한국음식점이 이때 탄생하였다. 2019년 현재에 사정이 달라진 것은 없다. 농민 입장에서 보자면 더 험악해졌다. "슬로푸드 하자" 하여도 슬로푸드 할 것이 거의 없는 게 한국의 실정이다.

유럽에서는 사정이 매우 달랐다. 비교적 길게 진행된 산업화 과정에서 농민은 노동자의 먹을거리 시장에 적극적으로 뛰어들 여유와 시간을 확보할 수 있었다. 1984년 이탈리아에서 "슬로푸드!" 하고 외칠 수 있었던 것은 도시 노동자들이 이미 슬로푸드를 먹고 있었기 때문에 가능한 일이기도 하였다. 산업자본의 '맥도날드'가 안 들어와도 노동자들이 즐길 수 있는 음식이 가득하였던 것이다.

이제 시작이다

없으면, 만들면 된다. 그런데, 없다는 생각을 하지 않으니 억지의 일이 생긴다. 한국에서도, 서구에서처럼, 전통 농업사회의 음식에서 건질 것이 있다고 생각한다. 전통음식이니 향토음식이니 양반음식이니 농가레스토랑이니… 농어촌의 할머니들이 하는 음식은 웰빙에 로컬하고 슬로한 줄 안다. 아니다. 그렇지 않다.

한국의 전통 농업사회는 한번도 넉넉하게 살아본 적이 없다. 5,000년 동안 겨우겨우 먹고 살았다. 먹을거리를 두고 요령 좋게 맛있게 조리 또는 가공을 한 경험이 없다. 제철의 신선한 식재료를 확보할 수 있는 것은 맞으나 그 조리와 가공 방법, 이를 먹는 방식을 보면, 심란하다.

예를 들겠다. 요즘 맛있는 닭을 키우는 농가들이 참 많다. 가서 맛보자 하면, 백숙 아니면 닭도리탕이다. 닭 한 마리를 통째로 조리하고 이를 상에 올린다. 닭을 여러 부위로 나누고 그 부위에 따라 조리 방법을 달리하여 다양한 맛을 즐기게 하지 않는다. 왜? 그렇게 조리한 경험이 없기 때문이다. 그게 전통이라 하여도 이제 도시의 세련된 노동자는 그런 음식에 매력을 느끼지 못한다.

하나만 더 들자. 봄이면 전국 각지에서 자기 고장의 다양한 나물을 자랑한다. 가서 먹자 하면, 조리 방법이 전국이 똑같다. 데쳐서 갖은 양념에 무치거나 쌈으로 낸다. 부침개 하는 것도 똑같고, 나물비빔밥이란 것도 전국이 같다. 나물로 다양한 음식을 조리해본 경험이 없는 탓이다.

우리는 돌아갈 곳이 없다. 지키자 하여도 지킬 것이 별로 없다. 지금 우리가 해야 할 것은 창조이다. 서구와 비교한다면, 산업화 초기의 상황과 흡사하다. 아니, 막강한 산업자본을 생각하면 한국처럼 '더러운' 상황에 놓였던 나라를 찾기는 어려울 것이다. 어쩌겠는가. 우리의 사정이 이러니 이렇다 할 뿐이다. 여기에, 개념 무시의 슬로푸드라는 말로 한국음식을 포장하여서는 앞날이 없다. 나의 입장을 바로 세워 이를 융화시키지 못하면 시대에 빠져 허우적거리게 된다.

2부 한식 세계화 네버다이

언제
어디서든

똑같은
비빔밥을 먹게 된 까닭

국가 권력은 국민의 건강과 행복을 책임질 의무가 있다. 그래서, 국가 권력은 국민의 먹을거리를 일일이 챙겨야 한다. 농림축산식품부, 해양수산부, 보건복지부와 그 산하에 수많은 국가기관이 존재하는 이유는 국민에게 싸고 위생적이며 맛있는 음식을 충분히 먹여야 하는 의무를 다하기 위한 것이다.

조선은, 백성의 밥상에 별 관심이 없었다. 종신세습제의 국가 권력이니 백성의 지지가 크게 중요하지 않기 때문이다.

흉년이 들어 백성이 굶주리면 감선이라며 왕의 밥상에서 반찬 하나둘을 덜어내는 정도로 고통에 동참하고, 공출로 거두어들였던 곡식을 나누어주며 어차피 가을에 되받을 것이면서도 이를 진휼곡賑恤穀이라며 백성에 시혜를 베푼 듯 생색을 내었다. 조선만 그랬던 것은 아니다. 민주공화정의 시대 이전에는 지구의 대부분 지역에서 이랬다. 어떻든, 조선의 일에 대해, 특히 조선의 음식에 대해, 객관적인 시선이 필요하여 이 말을 붙이고 있는 중이다.

대통령과 그 가족이 좋아하는 음식이
대한민국 대표 음식이 될 수 없는 것과 같은 이치

조선에서의 조리법은 크게 두 종류가 내려온다. 왕족이 연회 등을 하면서 먹었던 음식의 조리법과 백성의 굶주림을 해결하기 위한 초근목피 조리법이다. 초근목피 조리법이란, 진휼곡도 넉넉하지 않으니 산에 들에 돌아다니며 풀뿌리와 나무껍질을 거두어 이를 먹을 수 있게 만드는 방법이다. 이를 구황방救荒方이라 한다. 조선정부가 발행한 대표적 구황방 저작물은《구황촬요》인데, 드물게도 언해본으로 만들어 전국에 보급하였다. 조선의 생활백과사전이라는《산림경제》와《증보산림경제》에 실린 조리법의 상당 부분도 구황방이다.《음식디미방》,《시의전서》 같은 조리서는 집안에서 물리는 조리법이니 역사적 의미는 작다.

조선의 왕족은 극소수였다. 조선 궁중에 사는 왕족은 왕과 여러 비, 그리고 왕의 자식들 정도였다. 왕의 아들 중에 하나가 왕권을 쥐면 그 외 형제는 궁 밖으로 나와야 했다. 아니, 살아 있으면 다행이었다. 그들에게 권력은 나누는 것이 아니었기 때문이다. 조선은 인구가 대충 1,000만 명 정도였다. 조선 백성에 비하면 왕족은 그야말로 극소수 중에 극소수였다. 조선 팔도 방방곡곡에서 살았던 백성 1,000만 명이 먹었던 음식과 궁궐 안에서 살았던 겨우 몇 명의 왕족이 먹었던 음식 둘 중에 무엇에 더 의미를 둘 것인지, 조선음식 하면 다들 궁중음식만 떠올리는 지금의 상황을 보면, 심각하게 고민해야 한다.

이런 비유가 적절할 것이다. 청와대에 대통령과 그의 가족이 산다. 외국에서도 대통령 관저에 그들의 가족이 같이 산다. 대통령과 그 가족은 그들의 기호에 따라 이런저런 음식을 먹는다. 대통령과 그 가족이 즐겨 먹는 음식을 두고 그 국가의 당대 음식문화를 대표하는 음식이라 고집할 수 있을까. 조선궁중에 연회가 있었듯 대한민국 청와대에도 만찬이 열린다. 그 만찬의 음식을 한국음식문화를 대표하는 무엇으로 치받들고 이를 기록하여 전국 방방곡곡에 널리 알려야 할까.

프랑스 음식이 발달한 까닭은 프랑스 왕족과 귀족의 주방에서 일하였던 요리사 덕이 크다. 혁명 이후 이들은 식당을 열어 현재의 프랑스 음식이 있게 하였다. 그런데 이 프랑스 음식을 두고 프랑스인들은 왕족이나 귀족의 음식이라 강조하여 말하지 않는다. '프랑스 궁중음식' 같은 카테고리도 없다. '얻어먹었던' 왕족과 귀족이 음식문화의 주체가 될 수 없다는 생각이 작동하고 있는 것이다. 프랑스에서 요리사가 극진히 대접받는 문화가 자리잡고 있는 까닭도, 그렇다!

스스로 맥도날드화한 비빔밥

비빔밥 이야기에 웬 궁중음식 타령인가 할 것이다. 비빔밥을 궁중음식이라 주장하는 이들이 존재하며, 이들 탓에 비빔밥이 고착 현상을 보여 결국은 단 한 종류의 비빔밥으로 전국 통일을 이루어가고 있어 그 안타까움에 이러는 것이다.(물론 안동헛제삿밥, 진주비빔밥, 익산황등비빔밥, 함평육회비빔밥, 통영멍게비빔밥 등이 존재한다. 여기서 말하는 비빔밥은 전국의 식당에서 파는 '그냥의 비빔밥'이다. 항공사 기내식 비빔밥 같은.)

비빔밥은 1890년대《시의전서》에 처음 등장한다. 한글로는 부뷤밥, 한자로는 骨董飯골동반이라 하였다. 이후 1921년의《조선요리제법》이며 1929년《별건곤》, 1940년《조선요리》(일본어판) 등에 비빔밥이 보인다. 조리법에 조금씩 차이가 있으나 이 음식의 태생에 대한 주장은 없다. 당시 서민 음식임을 알 수 있는 대목이 보이는데,《별건곤》에서 진주비빔밥을 "값도 단돈 10전. 상하계급을 물론하고 쉽게 배고픔을 면할 수 있는" 음식으로 적고 있다.

비빔밥이 궁중음식이라는 주장은 문득 등장한다. 1976년 황혜성 씨가《한국요리백과사전》에 궁중음식으로 비빔밥을 올린다. 아무 근거가 없다. 실록에 등장하는 것도 아니며, 조선의 문헌 그 어디에도 비빔밥이 궁중음식이라는 기록이 없다. 물론 조선의 왕이 비빔밥을 먹었을 수는 있다. 마찬가지로, 조선의 1,000만 백성이 비빔밥을 먹었을 수도 있다. 음식을 특정 계급이나 계층의 것으로 분류하자면 그 특정 계급과 계층의 사람들이 그 음식에 특별한 의미를 두거나 특히 더 많이 먹거나 하여야 한다. 조선 왕족이 비빔밥에 특별난 애착을 보였다거나 백성보다 더 자주 먹었다는 기록은 그 어디에도 없다.

황혜성 씨는 당시에 국가중요무형문화재 제38호 '조선왕조 궁중음식' 기능보유자였다. 그가 보유하였던 기능이 과연 조선 궁중의 음식 조리법인지 어떤지는 차치하고, 적어도 조선 궁중요리 창작자나 되는 듯이 특정 음식을 궁중음식에 넣고 빼고 할 수는 없는 일이다.

황혜성 이후 비빔밥 궁중음식설은 전주에서 적극적으로 활용된다. 조선 왕족은 지금의 서울인 한양에 살았음에도 조선 왕족이 전주 이씨였다는 사실을 앞세우며 전주비빔밥을 궁중음식의 직계로 만들었다. 세계의 모든 전통음식 또는 향토음식이 대체로 전통 조작에 자유롭지 않으며, 이 정도의 조작은 마케팅 차원에서 허용되는 것이 관례이다. 문제는 이 조작을 사실로 확고하게 믿는 이들이 적지 않다는 것이다. "궁중음식 무형문화재 황혜성이 이랬다" 하며! 그러면서 비빔밥에 고착이 일어나게 되었다. "이렇게 이렇게 조리하는 것이 전통이다" 하고 고집하게 된 것이다. 여러 재료를 밥 위에 동그랗게 둘러서 내는 고착인데, 이걸 두고 오방색에 맞추니 어쩌니 한다. 이 구성을 따르니 비빔밥의 계절성은 버려졌고 식당마다의 개성도 잃었다.

당장에 구글 검색창에 비빔밥을 넣고 클릭을 해보라. 전국의 식당 비빔밥이 거의 같다. 온 국민이 전국 어느 식당에 가나 사계절 비슷한 비빔밥을 먹는다는 일이 놀랍지 않은가. 한국의 슬로푸드라고 내세우는 비빔밥이 프랜차이즈 사업과는 무관하게 스스로 맥도날드화한 것이다. 조선의 궁중음식이고 전통이니 이걸 지켜야 한다고 너무 깊게 고집한 탓이다.

전주에서 팔리고 있는
비빔밥이다. 가게마다 조금씩
다르기는 한데, 기본적으로는
비슷하다. 재료뿐만이 아니라
담음새가 비슷하니 더욱더
그러하다. 한 식당에 한
종류의 비빔밥만 존재하여
사계절 비빔밥이 똑같다.
전통이라는 이름으로 고착이
일어나고 있다고 볼 수 있다.

비빔밥은 밥이 있고부터 있었다

비빔밥은 고려시대 중기부터 있었다. 이렇게 확정적으로 말할 수 있는 것은, 그때부터 일상식으로 밥을 먹었다는 것이 확실하기 때문이다. 밥은 단독으로 먹을 만하지 못하여 찬과 국이 꼭 따라붙는다. 밥 찬 국으로 상을 차려 먹는 것이 보통의 일이나, 사정이 여의치 않으면 밥에 국이나 찬을 더하여 한 그릇의 음식으로 만들어 먹을 수도 있다. 밥을 국에 말면 국밥이고, 밥에 찬을 올려 비비면 비빔밥이다. 그러니, 비빔밥은 밥이 일상화한 고려 중기의 그 시기에 등장하였다.

비빔밥은 밥과 찬의 결합으로 만들어지는 음식이니 그 찬에 따라 수많은 변주를 보이게 된다. 어렵게 생각할 것 없다. 학교에 도시락을 싸 들고 다녔던 세대는 잘 알 것이다. 아무 반찬이든 밥에다 붓고 도시락을 흔들면 맛있는 비빔밥이 되지 않았던가. 이 세상에 존재하는 찬의 수만큼 다양한 비빔밥이 존재한다. 이 개방적인 비빔밥에, 우리는 대체 무슨 짓을 한 것인가!

일본의 음식도 밥 찬 국으로 구성되어 있다. 일본인은 국에 밥을 마는 일은 별로 즐기지 않으나, 밥 위에 반찬 올려 먹는 일은 즐긴다. 한국에 비빔밥이 있으면 일본에 돈부리가 있다고 할 수 있다. 일본 오피스타운 뒷골목에서 직장인이 가

장 많이 먹는 음식 중의 하나가 돈부리이다. 돈부리 재료에는
일정한 규칙이 없다. 소, 돼지, 닭, 생선, 새우 등 온갖 재료로
찬을 만들어 올려서 먹는다. 도시마다, 계절에 따라, 그 찬에
변주를 보인다.

　일본에서는 돈부리가 왕가의 음식이니 뭐니 하는 말이
없다. 왕가가 현존함에도, 일부 가게에서 식품이나 과자가 왕
가에 납품되었다며 홍보를 하기는 하지만, 그들이 일상식으
로 무엇을 먹는지에 관해서는 관심이 없다. 그들이 돈부리를
먹든 스시를 먹든 그 일이 그들 삶에 어떤 의미도 없다는 것
을 아는 까닭이다. 우리는 왕가도 없다. 사라진 왕가가 살아
있는 우리의 밥상에 관여하게 두는 일은 바르지 않다.

진주 울산 안동 등지의
비빔밥이다. 비빔밥은
실로 다양한 변주를 보일
수 있는 음식이다. 밥
위에 반찬을 올리면 되는
음식이기 때문이다. 한국
음식에 반찬은 헤아릴 수
없이 많으니 그만큼의
비빔밥이 가능하다.

김밥은

비빔밥
이다

김밥은 한국인이 가장 즐겨 먹는 음식이다. 그렇다고 집에서
김밥을 자주 마는 것은 아니다. 소풍을 가도 안 싼다. 분식집
과 편의점 등에서 산다. '한 집 건너 치킨집'이라 표현하는데
'그 건너의 한 집은 김밥집'이라 하여도 된다.

시중에 팔리고 있는 김밥은 그 종류가 실로 다양하다.
대체로 김밥 속의 변주로 얻어내는 다양성이다. 그럼에도 한
국인의 머릿속에는 하나의 김밥이 원형으로 잡혀 있다. 달걀

에 시금치, 어묵, 오이, 당근 등이 들어가는 김밥이다. 여기에 햄, 쇠고기, 우엉, 맛살 등이 대체되거나 추가될 수 있다. 밥은 물론 참기름으로 살짝 간을 한다. 1990년대까지만 하더라도 소풍을 간다, 운동회를 한다 하면 모두 이런 식의 김밥을 말아 도시락을 쌌다.

후토마키에서 유래하였다

1958년 3월 29일자 동아일보에 '피크닉용 초밥'이 소개되어 있다. "산과 들 그리고 강가에서 한 가족이 즐거운 하루를 보내기 위한 피크닉 점심에는 가져가기 간편하고 맛이 좋고 또 맛이 변하지 않으며 젓가락이나 접시가 없어도 즐겁게 먹을 수 있는 초밥을 권하고 싶다"면서 아래의 조리법을 실었다.

밥은 일본식 초밥으로 하고 속에는 소보로, 박오가리, 표고, 지진 두부, 시금치, 당근, 왜무짠지(단무지)를 쓰고 있다. 소보로는 생선살 보푸라기인데 분홍색 물을 들인다. 표고와 두부, 박오가리는 간장과 설탕에 졸였다. 시금치는 데쳐서 설탕과 진간장에 재웠다. 당근은 살구꽃 모양으로 썰어 소금과 설탕에 졸였다. 왜무짠지는 단촛물에 담갔다 쓰게 하고 있다.

현재의 한국 김밥과 그 속이 매우 유사하나 또 여러 가지로 다르다. 일단 이 음식의 이름이, 초밥이다. 초밥은 스시

　2부 한식 세계화 네버다이

의 순화어이다. 또 실제로 밥을 초밥으로 하였다. 김밥이 일본 음식이라는 관념을 뚜렷하게 남기고 있다. 1958년 한국 신문에 소개되어 있는 이 초밥은 일본 후토마키太巻き와 거의 같다. 후토마키는 일본에서 흔히 먹는 김밥의 한 종류이다.

후토마키에도 여러 변형이 존재하는데 가장 기본적인 후토마키는 달걀말이, 박고지, 표고, 시금치, 색을 낸 생선보푸라기 등이 들어간다. 일본에서는 후토마키를 여러 식당에서 파나 이를 전문적으로 파는 식당은 없다. 한국의 김밥 전문점 같은 후토마키 전문점이 없다는 말이다. 그렇다고 일상의 음식이 아닌 것도 아니다. 편의점에서도 후토마키를 흔히 볼 수 있다.

일본음식이 한반도에 본격적으로 알려진 것은 일제강점기이다. 후토마키가 일제강점기에 한반도에 들어왔을 것이란 생각은 쉽게 할 수 있다. 1924년에 출간된 이용기 저《조선무쌍신식요리제법》에 일본음식편이 있는데, 그 맨 마지막에 스시가 등장하는데 후토마키 조리법이다. (오른쪽 상단 그림 참고)

유가오는 박이고, 시다게는 표고버섯, 아오미는 청색의 푸성귀, 베니쇼는 생강초절임이다. 달걀말이와 생선보푸라기가 없다뿐이지 현재의 일본 후토마키 재료와 거의 같다. 초밥 만드는 방법이 어색해보이는 것이 이 책의 저자가 일본음식에 대해 깊이 있게 알고 있지 못하기 때문이 아닌가 싶다.

1924년에 출간된
《조선무쌍신식요리제법》에 일본 음식
'스-시'가 등장한다. 후토마키이다.
한국의 김밥은 이 조리법을 기본으로
변형을 하여왔다고 볼 수 있다.

1970년 10월 2일자 동아일보이다.
황혜성이 소개하고 있는 김말이에서
후토마키의 조리법을 읽을 수 있다.
한국식 김밥으로 넘어가기 전의
조리법이라고 볼 수 있다.

김밥 한 줄에 한정식을 담다

현재의 한국 김밥은 일본 후토마키와 그 맛이 확연히 다르다. 이주지에서 크게 변하였다. 비교하자면, 캘리포니아롤과 비슷하다. 이 둘 다 출발은 후토마키였다. 그리고 이동한 지역에서 크게 변형이 일어났다. 김과 밥 그리고 기타 재료로 둥굴길죽하게 말아서 칼로 써는 것은 같으나 맛의 포인트는 완전히 다르다. 이러한 변형은 이주지 주민의 기호에 의해 결정된다. 일본 후토마키가 한국 김밥으로 변한 것은 순전히 한국인의 기호에 따른 것이다.

김밥전문점에 들어서면 제일 먼저 맡게 되는 냄새가 참기름이다. 밥에 넣어 비벼두거나 김에다가 바른다. 초밥의 시큼한 냄새는 없다. 그다음에, 나물 냄새가 난다. 시금치며 당근 등이 익으면서 내는 달큰한 내가 있다. 여기에 불고기 냄새가 붙는다. 쇠고기에 간장이 들어가 팬에 볶아지면서 내는 향이다. 쇠고기 말고 어묵이나 유부, 우엉, 버섯의 간장조림에서도 이 냄새를 얻을 수 있다. 여기에다 한국인 특유의 변주가 붙는다. 매운맛이다. 고추장이나 풋고추 등을 쓴다. 신선한 채소의 느낌을 주기 위해 오이며 파프리카, 깻잎 등을 같이 만다. 이렇게 말면 김밥은 아주 두툼하고, 이를 썰어 입을 크게 벌리고 우걱우걱 씹다보면, 후토마키에는 전혀 느낄 수 없는, 한국인에게는 더없이 친숙한 맛을 즐기게 된다. 비빔밥 맛이다.

비빔밥은 밥에 반찬을 더하여 비빈 음식이다. 그 반찬이 무엇이든 밥을 비빌 수가 있다. 지금 당장에 냉장고를 열어 아무 반찬이나 꺼내어도 밥만 있으면 비빔밥은 만들어진다. 고추장과 참기름이 있으면 금상첨화이나, 없어도 된다. 그러니, 비빔밥은 그 변주가 무한대에 가깝다. 그 어떤 것이든 섞이지 않을 것이 없다. 그러니, 김밥도 그러하다. 김밥 전문점의 그 수많은 변주를 보라. 못 만들 김밥이 없다.

근래에 프리미엄 김밥이 생겼다. 김밥 속을 차별화하였다 하는데, 더 많은 반찬을 밀어넣은 것으로밖에 안 보인다. 김밥 속의 음식은 거의가 그대로 반찬으로 쓸 수 있어 낱낱으로 풀어 하나씩 그릇에 담으면 백반 한 상, 프리미엄 김밥은 한정식 한 상은 차려질 것이다.

후토마키는 밥에 단촛물을
더하므로 스시류에 든다.
일본에 김으로 마는 음식이
다수 존재하는데, 후토마키가
한국의 김밥과 가장 유사하다.

일본의 후토마키▲

한국의 김밥▼

간장과

된장의

'국적'에 관하여

'왜 – '는 일본을 낮추어 부르기 위해 존재하는 접두어이다. 왜자가 붙으면 작고 못생기고 맛없고, 대체로 그러하다고 생각한다. 이 왜자에 한국인은 민족 감정을 붙여 말한다. 그 뒤에 어떤 말이 붙든 '악센트'는 '왜'에 있다.

단호박은 옛날에 왜호박이었다. 원래는 서양종의 호박인데 일제강점기에 일본인이 이 호박을 많이 먹는 것을 조선인이 보고 왜호박이라고 이름을 붙였다. 그러면서 당시 조선

2부 한식 세계화 네버다이

인이 흔히 먹던 동양계 호박을 조선호박이라 하였다. 일제강점기 이후 왜호박은 한반도에서 꾸준히 재배되었으나 이 이름 때문에 인기가 없었다. 1990년대 중반에 누군가가 이 호박에 단호박이라는 새로운 이름을 붙여주었고, 왜호박은 이 이름 덕에 다시 태어났다.

해방이 되자 국어순화운동이 이는데, 다꾸앙을 왜짠지라 하자는 주장이 있었고, 한동안 이 말을 썼다. 왜짠지용 기다란 무는 왜무가 되었고 통통한 무는 졸지에 조선무라는 이름을 가지게 되었다. 조선무의 영향으로 조선배추라는 말도 만들어졌는데, 배추에는 왜배추가 없고 호배추(중국배추라는 뜻이다)가 있었다. 결구배추가 호배추이니 반결구배추를 두고 조선배추라 하였다. 이후에 조선참외, 조선오이, 조선부추 등의 말이 만들어졌다. 왜에서 온 것이 아니라 하여도 한반도에 오래 있었던 것이면 조선이라는 접두어를 붙였다. 조선에는 원래 한반도 사람들의 입맛에 꼭 맞춘 먹을거리가 존재하였다고 생각하고 싶었던 것이다.

조선장은 딱 한 종류만 존재하는 것은 아니다

재래 혹은 전통의 장을 두고 한국인은 조선간장, 조선된장이라 한다. 식품공전상의 명칭은 한식간장, 한식된장이나 일상에서는 조선을 붙여 말한다. 간장과 된장에 조선이 붙은 것은 그 앞에 왜가 붙은 간장과 된장이 존재한다는 뜻이다. 왜간 장, 왜된장이다. 그런데 요즘에는 이 말을 거의 쓰지 않는다. 조선간장, 조선된장에 대립하는 그 자리에는 공장간장과 공 장된장이 있다. 공장간장은 좀 더 섬세하게 양조간장, 산분해 간장, 혼합간장으로 나뉘고, 이들 간장과 대립하는 자리에 조 선간장이 있다.

조선간장과 조선된장, 즉 조선장은 콩으로 빚은 메주에 소금과 물을 더하여 숙성한 장이라고 주장한다. 콩 메주 외에 밀, 쌀, 보리 등의 다른 무엇이 들어가면 조선장이 아닌 듯이 여긴다. "그건 왜장이다" 한다.

조선장을 만들어 파는 이들이 전국 팔도에 쫘악 깔렸 다. 마당에 장독을 여럿 두고 장을 익혀 팔고 있는데, 여러 자 료를 보면 500곳 정도 된다 하나 농가나 부녀회 단위의 작은 '업체'까지 포함하면 2,000곳은 넘을 것이라는 말도 있다. 그 런데, 그 장들이, 특별난 몇몇 곳을 제외하면, 강원도 최북단 의 마을에서 제주도까지 제조법이 똑같다. 콩 메주에 소금과 물만 들어간다. 이게 조선장이고 전통적 방법이라며 고집한 다. 메주가 잘 뜨고 못 뜨고 하는 차이, 장이 잘 숙성되고 잘 못 숙성되고 하는 차이 정도 빼고는 전국의 조선장은 맛이 똑같다. 좀 심하게 말하면, 조선장은 딱 한 종류만 존재한다!

조선에는 수많은 장이 있었다

《산림경제》며 《시의전서》 등의 조선 문헌에 보면 온갖 장이
존재한다. 콩 메주만으로 한 장은 오히려 덜 보이고 보리며
밀, 쌀 등이 들어간 장이 수두룩하다. 기록만 그런 것이 아니
다. 실제로 내가 전국을 다니며 먹어본 장은 실로 다양하여
이를 모두 기록에 남긴다는 것은 불가능하겠다 싶었다. 보리
나 밀, 쌀 등의 곡물 외에도 고구마나 감자를 넣은 장, 보리
속겨로 메주를 띄우는 장, 소금물 대신에 액젓을 넣는 장 등.
그런데 왜, 그 많은 장이 있음에도, 조선장이라 하면 콩 메주
로만 담근 장만이라 하자고 스스로 한정하고 있는 것일까.

　　자아自我에 대한 인식은 타아他我와의 대립에서 탄생하
고 또 분명해진다. '조선'에 대한 인식은 '왜'와의 대립에서 탄
생하고 또 분명해진 것이다. 한국인의 민족적 자아는 그러니
그 대립의 자리에 있던 '왜'에 의존할 수밖에 없다. 자아와 대
립하는 타아가 '왜'가 아니라 중국이나 미국, 프랑스 등이었다
면 '조선'이라는 자아는 다르게 인식되었을 것이다. 일제강점
기 그때 한국인의 자아는 왜에 의해 뒤죽박죽 엉켜버렸다.

일본에도 수많은 재래 장이 있었다

일본의 재래 장은 한반도의 재래 장만큼 그 종류가 많다. 한국인이 조선장이라고 하는 콩 메주만의 장도 일본의 재래 장으로 존재한다. 일본의 재래 장은 산업화 이전 한반도에서처럼 다들 가정에서 담가 먹었다. 자연 숙성이니 맛이 들기까지 1년이나 2년씩 걸린 것은 한반도에서와 같았다. 이런 일은 중국이라고 해서 다를 것이 없었다. 산업화 이전 콩을 재배하였던 동북아시아의 사람들은 집마다 장을 담가 먹었다.

산업화는 장에도 영향을 주었다. 도시가 형성되면서 장을 담글 수 없는 이들이 생기고, 이들을 소비자로 하는 장류 제조업체들이 섰다. 숙성되기까지 1년, 2년 걸려서는 경제성이 없다. 온도를 조절하여 장이 빨리 숙성되게 하였다. 특정의 균을 추출하여 이를 활성화하는 방법을 터득하게 된다. 장이 더 빨리 숙성되고 동일한 맛이 나게 하는 기술은 일본에서도 1910년대에 들어 정립된다. 일본 전국에 산재해 있는 수많은 재래 장과는 무관하게 효율성에 맞춘 공장의 장이 등장한 것도 그때이다.

일제강점기에 수많은 일본인이 한반도로 이주하였고 일본의 장공장도 함께 넘어왔다. 일본인들이 집단으로 거주하였던 서울, 인천, 부산, 군산, 마산 등에 장공장이 섰다. 일본인도 먹고 조선인도 이 장을 먹었다. 장공장의 장은 조선인과 일본인 모두에게 어색한 먹을거리였다. 집마다 담가 먹던 장과 다르다는 생각은 조선인이나 일본인이나 똑같이 하였을 것이다. 조선인에게 어색함은 더 강할 수밖에 없었는데, 장공장의 주인과 기술자가 일본인이었기 때문이다. 조선인은 그 어색함이 민족적 문제일 수 있다고 보았고, 그렇게 하여 왜간장, 왜된장이란 말이 탄생하였다.

옹졸해지면 지는 것이다

왜간장, 왜된장이라는 분류어가 탄생하기 전에 조선장에 대한 개념은 없었다. 어떤 장을 두고 조선간장, 조선된장이라 하자는 사회적 합의가 없었다. 일본인의 장공장에서 제조된 장이 등장하면서 그때에야 비로소 조선장에 대한 분류가 필요한 것이 아닌가는 생각을 하게 되었다. 당시 한반도에는 수많은 재래 장이 존재하였다. 그 장 중에 일본인 장공장의 장과 유사한 장은 제거하는 방식으로 조선장의 개념을 정립하였다. '일본인은 장에다 보리, 밀, 쌀 등을 넣는다. 그러니 조선장은 이를 넣지 않아야 한다'는 식!

역사적 상상에서 '만약'이란 말은 금기어이나 때때로 현재의 상황을 명쾌히 하기 위해서 필요하기도 하다. '만약에'

일제강점기 없이 한반도 스스로 산업화를 이루었다면 한국인의 장은 어떠하였을까. 도시 소비자를 위한 장공장이 섰을 것은 분명하다. 한국인 주인에 한국인 기술자가 이 일을 할 것인데, 효율성을 따진 대량 생산 공정을 기획할 것이다. 장의 균일한 맛을 위해 미생물을 제어하는 기술에다 단기간에 숙성되게 하는 기술을 동원할 것이다. 그때 일본의 식품기술자들이 한 것과 똑같은 과정을 거칠 수도 있다. 아니, 그럴 수밖에 없다. 한반도나 일본이나 전래되는 장 담그는 기술은 거의 같고, 그 전래 기술을 바탕으로 산업화할 수밖에 없기 때문이다. '만약에' 그리되었다면, 콩 메주만의 장을 두고 조선장이라 고집하는 일은 없을 것이다.

현재 한국인의 먹을거리에는 일제의 흔적이 깊게 남아 있다. 그 흔적을 해석하고 의미를 부여하는 일은 버겁다. 민족적 자존심을 건드릴 수 있기 때문이다. 아프더라도, 직시할 것은 그리 보아야 한다. 일제에 대립의 각을 너무 날카롭게 세우다보면 '우리의 것'이 옹졸해질 수 있다. 광복한 지 두 세대를 넘기고 있다. 이즈음이면 간장과 된장에 왜와 조선이라는 접두어는 붙이지 않아도 된다. 단 한 종류의 장을 두고 조선장이라 고집하는 것은 발효 강국이라 스스로 자랑삼는 한국에 어울리지 않는 일이기도 하다.

위 왼쪽 사진은 보리 속겨로 만든 메주이다. 이를 띄워서 삶은 콩과 함께 장을 담근다. 경상도와 강원도 일대에서 먹는 된장이다.

위 오른쪽 사진은 콩 메주이다. 한국에만 있는 것은 아니다. 일본과 중국에서도 콩으로 메주를 만든다.

아래 왼쪽 사진은 둥글게 빚은 콩 메주이다. 메주의 모양도 다양하다.

아래 오른쪽 사진은 보리된장이다. 일본 된장과 비슷한 맛이 난다. 그렇다고 일본 된장인 것은 아니다. 한국에도 일본 장 비슷한 것이 있고 일본에도 한국 장 비슷한 것이 있다.

친일의 추억

내 고향은 경남 마산(2010년 통합 창원시가 되었다)이다. 어머니 치맛자락 붙잡고 간 마산의 재래시장에는 가마보꼬, 다꾸앙이 있었다. 시장 좌판에서 우동을 참으로 먹었다. 내가 살았던 동네의 골목에는 조그만 단팥빵 공장이 있었다. 경주 황남빵보다는 조금 크고 지금의 제과점에서 파는 단팥빵보다는 작았다. 구멍가게에는 센베이와 색색의 일본식 사탕이 제일 앞자리를 차지하고 있었다. 여름에 해수욕장에 가면 팥을 입힌 경단인 당고, 청미래덩굴 잎으로 싼 모찌인 망개떡을 먹을 수 있었다. 빙수도 여기저기에서 팔았다. 얼음을 빙설기로 갈아 붉거나 노랗거나 파란 시럽이 끼얹어졌었다. 팥빙수도 있었다. 겨울이면 붕어빵 또는 국화빵을 먹었다. 소풍 도시락으로는 김밥을 쌌다. 도시락을 그때는 다들 벤또라 하였다. 가끔은 시내의 경양식집에서 돈가스와 햄버그스테이크를 썰기도 하였다.

어릴 적에 나는 이 모든 음식의 '국적'에 관심이 없었다. 맛나기만 하면 되었다. 일본어에 대한 거부감도 적었다. 생선회도 마산의 어른들처럼 사시미라 불렀다. 학교에 다니면서 일제의 잔학상을 알았다. 일제는 북한만큼 '나쁜 나라'였다. 일제의 잔재를 없애야 한다는 교육도 받았다. 가마보꼬 대신에 어묵, 다꾸앙 대신에 단무지, 모찌 대신에 찹쌀떡, 사시미 대신에 생선회 등의 순화어를 사용해야 한다고 배웠다. 와리바시, 츠키다시 따위의 일본어를 사용하는 어른들에게 짜증 난 눈길을 보내기도 하였다. 그러나 어른들은 그 많은 일본 유래 음식을 낱낱이 일러주지는 않았다. 일본어로 불리는 음식 정도만 일본에서 온 줄을 알았다. 단팥빵, 빙수, 붕어빵, 국화빵, 김밥 등은 원래 이 땅에 있던 음식인 줄 여겼다. 추억의 절반은 맛이다. 내 유년의 추억 몇몇 자락은 잔학한 일제와는 관계없이 그렇게 순수하게 남아 있었다, 내가 어른이 되어 그 모든 것의 진실을 알기 전까지는.

1980년 고등학교를 졸업하면서 서울에 왔다. 서울의 여러 음식이 마산과 크게 다르지 않았다. 마산에 있는 것이면 서울에 다 있었다. 1990년대부터 전국을 돌아다니는 직업을 가지게 되었다. 전국 도시들도 크게 다르지 않았다. 마산에, 서울에 있는 것이면 다 있었다. 단팥빵, 빙수, 붕어빵, 국화빵, 김밥 등. 그러다 일본을 들락거리게 되었고, 어릴 적 내가 먹었던 대부분의 음식이 일본에 다 있다는 사실을 알게 되었다. 처음엔 놀랐다가 이내 울적해졌다. 식민은 민족의 굴욕이라 배워왔는데 그 굴욕의 시대에 일제에 의해 이 땅에 이식된 음식으로 내 유년의 추억이 채워졌다는 사실 때문이다.

붕어빵은 일본의 타이야키이다. 일본에서는 도미인데 우리 땅에 와서 붕어라 한 것만 다르다. 국화빵도 그 계열의 음식이다. 빵틀에 반죽을 붓고 팥을 넣는 것은 모두 일본의 개발품이다. 모양이 국화… 이건 일본 왕가의 문양이다. 경주의 단팥빵에는 한가운데에 국화 문양의 도장을 찍는다. 단팥빵은 일본의 개발품이란 것은 다 아는 일이고, 맛있으면 되었지 싶지만, 그 가운데에 박혀 있는 국화 문양을 볼 때면 기분이 묘하다. 빙수는 1920년대에 일본 본토 음식임이 강조되며 팔리었다는 기록이 있다. 평양에 빙수를 파는 집이 많았는데, 조선 청년에게 일본 사람들이 신는 나막신인 게다를 신기고 유카타를 입혀 "이랏세이맛세!" 하고 일본말로 호객을 하였다.

음식에는 국경이 없다. 맛있는 음식은 넘나들게 되어 있다. 일본에도 한국 유래 음식이 있다. 그러나, 한국의 많은 음식이 일본에서 유래하였다고 말하는 것만으로 친일의 소리를 듣는다. 근거 없는 원조 논쟁으로까지 비화한다. 일본의 분위기도 크게 다르지 않다. 민족 감정이 음식에 달라붙은 결과이다.

보통의 인간은 그 삶이 거창하지 않다. 사사로운 추억이 국가와 민족의 역사보다 더 소중할 수 있다. 역사의 수레바퀴에 치여 헉헉거리기에는 삶은 짧고, 아깝다. 못난 역사가 있었으면 반성과 치유가 있어야 한다. 그 못난 역사가 개인의 삶을 구속하지 못하게 막아야 한다. 식민의 역사에 대해 사과할 것은 사과하고 청산할 것은 청산하여야 비로소 내 유년의 추억, 아니, 모든 한국인의 추억이 아름다울 수 있을 것이니.

평양냉면은
없다

한국에서 미식가 대접을 받으려면 냉면을 먹어주어야 한다. 맵고 달고 시고 짠 함흥냉면 말고, 그 '함흥 양념'에 '조미료 육수'를 더한 분식집 냉면 말고, "중늙은이 이마 씻은 물 같다"는 문장으로 곧잘 표현되는 그 희묽은 고깃국물에 힘없는 메밀면이 설렁설렁 담긴 냉면, 이른바 평양냉면을 먹어주어야 한다. 이 맛을 모르면, 아니 이를 맛없다 하면, 한국에서는 미식가 대접받기가 어렵다. (나는 미식가가 아니다. 생존을 위한 음식 외에는 직업상 음식을 먹을 뿐이다. 아무 음식이든 먹어야 하니, 굳이 나눈다면, 나는 악식가에 든다.)

'미식가의 음식'이란 이 음식을 두고 말들이 참 많다는 뜻이기도 하다. 미식가란 대체로 혼자 조용히 맛난 음식을 먹으러 다니지 않는다. 끼리끼리 몰려서 다니며 "여기 이 음식은 말이야…" 하고 품평을 나누는 습성을 가지고 있다. 이때의 품평은 기묘하여 당장 코앞에 놓인 음식에만 그치지 않는다. 비교 대상의 음식 또는 식당으로 튀었다가 요리사로 튀었다가 재료, 요리 기술로, 역사로, 경제로, 정치로 튄다. 그렇게 돌고 돌다 이들 미식가의 품평에서 마무리로 등장하는 음식이, 으레 냉면이다. "아, 그 집은 요즘 면발이 약해. 분창을 갈아서…", "필동이 의정부하고 다른 게 육수인데 말이야, 결정적으로는 만두가 달라", "방이동이 주교동의 그분이 가서 뜬 게 맞는데, 이 두 집의 육수가 달라". 그 자리에 냉면이 없어도 그 냉면 이야기로만 날밤을 지새우며 입맛을 다실 수 있는 이들이 바로 한국의 미식가들이다.

메밀국수는 찬 국물에 말 수밖에 없다

냉면은 메밀로 내린 국수를 찬 국물에 말아 먹는 음식이다. 한반도에서 밀이 귀하였다. 대신에 메밀로 국수를 내렸는데,

메밀은 면발이 약하여 더운 국물에 넣으면 다 풀어진다. 그래서 메밀국수는 찬 국물에 말아 먹을 수밖에 없고, 그래서 냉면이 이 한반도에서 탄생하였다. 막국수도 냉면과 같은 계통의 음식이라 할 수 있다.

냉면은 특히 일제강점기에 외식 메뉴로 크게 번졌다. 외식 메뉴로 뜨려면 무엇보다도 재료가 안정적으로 값싸게 공급되어야 한다. 외식은 장사이고, 돈을 벌 수 있는 음식을 내놓는 것은 당연한 일이다. 일제강점기에 대륙과의 교역이 활발하여 메밀이 흔하였고, 일제가 조선반도에서의 소 사육을 적극적으로 권장하여 쇠고기도 흔하였다. 냉면이 크게 번창할 수 있는 조건이 마련되었던 것이다.

그렇게 하여, 일제강점기 조선반도에서는 여기저기 온통 냉면이었다. 평양에만 냉면이 있었던 것이 아니라 경성이며 제물포, 부산, 함흥, 진주 등 도시이면 다 냉면집이 있었다. 냉면집이라 하여 지금의 냉면 전문점을 떠올리면 안 된다. 불고기, 설렁탕, 만둣국, (육회)비빔밥, 육개장 등을 함께 내는 식당이었다. 한국의 가장 고전적인 외식 메뉴들이 한 식당에서 팔렸다고 생각하면 된다. 오래된 냉면집 중에 현재에도 이들 메뉴를 유지하고 있는 데가 많다.

하여간, 일제강점기 조선반도의 여러 도시에 냉면이 크게 번졌는데, 이 중에 평양냉면이 떴다. 놀랍게 그 시절 벌써 떴다. 조선에서부터 평양냉면의 명성이 존재하였는지는 알 길이 없는데, 조선의 사정으로 보아 그러기는 어려웠을 것이다. 조선의 왕은 농우로 써야 하는 소를 함부로 잡지 못하도록 수시로 명령을 내렸고, 그러니 어디 냉면 국물인들 낼 수가 있었겠는가.

사진에는 냉면이라 불리는 것도 있고 막국수라 불리는 것도 있다. 구별이 힘들 것이다. 메밀은 끈기가 없어 찬 국물에 말아 먹게 되어 있고, 따라서 메밀국수인 냉면과 막국수는 그 경계를 딱 잘라 말할 수 있는 음식이 아니다. 대체로 양념이 강하면 막국수라고는 하나 양념을 거의 하지 않고 밋밋하게 먹는 막국수도 제법 존재한다. 평양냉면이라는 것도 그렇다. 평양의 냉면이 딱 한 종류만 존재하는 것은 아니다.

2부 한식 세계화 네버다이

평양냉면은 특정한 조리법의 냉면을 말하는 것이 아니다

아래는 1926년 8월 21일자 동아일보 3면에 실린 글이다. 버들쇠라는 필명으로 '평양 인상'이란 연재물이 게재되고 있었는데, 그 아홉 번째 것의 제목이 '요리 비판-평양냉면'이다.(표기와 문장을 읽기 쉽게 고쳤다.)

소오형小梧兄(편지투의 글인데, 작가가 임의로 호칭어를 만든 듯하다)! 이곳 음식으로는 전 조선적으로 유명한 것이 세 가지가 있고, 특별히 잘한다는 칭찬을 받는 것이 두 가지가 있으니, 전자는 냉면, 어복장국, 어죽 등이요, 후자는 맹물, 약주상 등입니다. 냉면이란 어디 것 어디 것 합니다만 평양냉면같이 고명高名한 것이 없습니다. 이곳 냉면은 첫째 국수가 좋고, 둘째 고기가 많고, 셋째 양념을 잘합니다. 게다가 양도 많고 값조차 싸니 더 말할 나위가 있겠습니까.

서울에서는 제아무리 잘 만드는 국수라도 밀가루를 섞습니다만 이곳에서는 순전한 메밀로만 만들며, 쇠고기, 돼지고기를 서울보다 갑절씩이나 넣는데, 평양육이 얼마나 맛있는지 형도 이미 아시는 바라 누누이 말하지 않겠습니다. 게다가 닭고기와 달걀까지 넣으며, 닭 삶은 국물에다가 말아서 갖은 양념을 하니 얼마나 맛이 있겠습니까. 게다가 양은 서울냉면의 갑절이 실히 되며 값은 단돈 15전입니다. 이곳 문자로 '맛박어' '비벼' 놓으면 그 맛을 참으로 무엇에다 비하겠습니까. 맛박는다는 말은 국수를 조금 적게 넣고 그 대신에 고기를 더 넣어서 만드는 것이며, 비빈다는 말은 기름 깨소금을 많이 넣어 양념을 더 잘한다는 것입니다. 맛박어 놓은 것이라도 국수의 양은 서울 25전짜리 냉면 한 그릇보다는 많습니다.

글 내용은 내내 평양냉면 자랑이지만, 그 비교 대상으로 서울냉면이 계속 등장한다. 서울에 평양냉면과 비슷한 스타일의 냉면이 존재하고 있다는 뜻이다. 그러니까 당시 평양냉면이라는 단어는 '고기국물에 만 메밀국수'라는 냉면 그 자체를 말한다기보다 '조선반도에서 파는 여러 냉면 중에서 평양에서 파는 냉면'의 뜻으로 쓰였다고 봐야 한다.

"평양 가서 먹어보지도 않고서리"

해방과 전쟁 이후에도 남쪽의 냉면은 꾸준하였다. 1965년 서울시가 점심에 식당을 이용하는 사람들의 직업과 그들이 먹는 음식을 조사한 자료가 있는데, 조사 대상 114명 중 제일 많이 먹은 음식이 냉면이고 그다음이 불고기백반, 설렁탕, 비빔밥이라는 기록이 있다.

1970년대 이후 냉면이 위생 문제로 큰 타격을 입게 된다. 보건당국은 여름 성수기에 집중적으로 냉면집 위생 단속을 하였고, 매년 여름이면 언론에서는 "대장균 냉면", "콜레라 위험" 등의 기사를 대대적으로 내보냈다. 여름 한철 장사인데, 이런 직격탄을 맞고 버틸 수 있는 냉면집은 드물었다. 그즈음 냉면집은 또 새로운 형태의 외식업체와 경쟁하게 된다. 경제 사정이 나아지자 고깃집이 크게 늘었고, 이들 고깃집에서는 냉면을 아주 싸게, 어떨 때는 공짜로 내었다. 이 고깃집 싸구려 냉면에 맛을 들인 사람들은 냉면 전문점에서 냉면을 너무 비싸게 파는 것이 아닌가 의심을 하게 되고, 그렇게 냉면집들은 손님을 잃어갔다.

평양냉면의 신화는 오히려 이때 '부활'한다. 오랜 냉면집들이 다 쓰러지고 난 다음에, 고깃집의 서비스 냉면을 질리도록 먹고 있는 그때 "이게 진짜 냉면"이라며 새롭게 등장을 하였다. 마침 그때 한국음식이 점점 양념이 강해지고 있었고, 그 반작용으로 평양냉면은 거의 '신선의 음식' 정도로 읽히기도 하였다.

탈북 요리사인 윤종철 씨와 냉면 이야기를 나누다 이런 핀잔을 들었다. "평양 가서 냉면을 먹어보지도 못한 사람들이 평양냉면, 평양냉면 하니 우습지요." 진짜 평양냉면을 모르니 말만으로 위로 삼아 그런다고 변명하려다 말았다. 그런데, 비슷한 핀잔이 1948년 신문에 이미 올랐었다.

"평양냉면이 아무리 맛있은들 삼팔선을 넘어 운반해왔

단 말인가요. 서울서 만드는 냉면을 평양냉면이란 새빨간 거

짓말."(경향신문 1948년 12월 3일자)

1948년 경향신문의 독자투고이다. 읽기 쉽게
고친다. "평양냉면. 냉면옥에는 흔히 이런 문구가
쓰여 있다. 평양냉면이 아무리 맛있은들 삼팔선을
넘어 운반해왔단 말인가요. 서울서 만드는 냉면을
평양냉면이란 새빨간 거짓말."

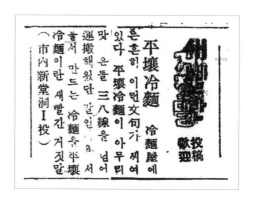

2부 한식 세계화 네버다이

진짜 평양냉면

아랫글은 1994년 북한에서 낸 《조선의 민속전통》에 실려 있는 것이다. 평양 옥류관 냉면과 그 조리법이 다르다. 남쪽의 평양냉면과 비교하면 전혀 다른 음식이다. 준치젓 동치미 국물에, 쇠고기 국물이 아니라 소뼈와 힘줄, 허파, 기레(지라일 것으로 추정), 콩팥, 천엽 등으로 끓인 육수라니! 평양냉면 맛의 원형이 이 조리법 안에 있을 수도 있겠다 싶어 여기에 옮겨둔다.

평양랭면의 특성은 다음으로 국수를 마는 국물맛이 특별한 데 있다. 평양랭면에는 김칫국물이나 고깃국물을 썼는데 흔히 동치미국물에 말았다. 동치미는 초겨울에 담그는 무우김치의 한 가지인데 전국적으로 어디서나 담그지만 특히 평양동치미가 유명하였다. 평양동치미는 무우를 마늘, 생강, 파, 배, 밤, 준치젓, 실고추 등으로 양념을 잘하여 독에 넣은 후 김칫물을 많이 부어놓고 잘 봉하여 익히기때문에 그 맛이 특별하였다. 이렇게 만든 동치미국물은 시원하고 찡하며 감칠맛이 있어 국수물로 아주 적합하였다. 육수는 일반적으로 고기를 끓인 국수물이다. 그러나 평양랭면의 국물맛이 특별히 좋은 것은 그 재료와 만드는 방법이 독특하였기 때문이다. 평양랭면의 국물은 소고기를 끓인 것이 아니라 소뼈와 힘줄, 허파, 기레, 콩팥, 천엽 등을 푹 고아가지고 기름과 거품 찌꺼기를 다 건져낸 다음 소금과 간장으로 간을 맞추고 다시 뚜껑을 열어놓은 채로 더 끓여서 간장 냄새를 없애고 서늘한 곳에서 식힌 것이다. 이렇게 만든 국수물은 보기에 맑은 물과 같이 깨끗하기 때문에 맹물이라는 별명까지 붙었다.

2부 한식 세계화 네버다이

판문점 남북정상회담과 김구의 냉면

———

2018년 4월 17일, 판문점에서 남북정상회담이 열렸다. 이 회담의 만찬에 북한의 옥류관 냉면이 등장하였다. 남쪽에서 준비하는 만찬이지만 문재인 대통령이 옥류관 냉면을 회담장 만찬에 가지고 오면 어떻겠냐고 북측에 제안하였고 북측에서 이를 흔쾌히 받아들였다. 회담을 시작하면서부터 냉면이 화제였다. 외신도 냉면을 비중 있게 다루었다. 회담 당일에는 시민들이 냉면집 앞에 줄을 섰다. 그날 이후 냉면은 남북평화를 상징하는 음식이 되었다.

나는 남북정상회담 만찬 기획에 참여하였다. 내가 제안한 콘셉트는 이랬다. "한반도의 평화와 통일을 위해 애쓰셨던 분들과 관련한 음식을 내자." 남북의 정상이 평화와 통일을 위해 판문점에서 만나는 일이 한민족의 오랜 염원과 노력의 결과라는 것을 표현하고 싶었다. 그래서 현대 정주영 회장의 서산목장에서 쇠고기를, 작곡가 윤이상 선생의 고향 통영에서 문어를, 김대중 대통령의 고향 신안에서 민어과 해삼을, 노무현 대통령의 김해 봉하마을에서 쌀을 가져와 만찬을 차리자 하였다.

그런데 여기에서 한 사람이 빠졌다. 김구 선생이다. 많은 분이 남북의 화해와 통일을 위한 일을 하셨는데, 그중에 가장 앞에 놓일 분이 김구 선생이다. 해방되고 분단이 고착화되어 가고 있던 1948년 김구 선생은 목숨을 걸고 삼팔선을 넘어 김일성과 담판의 자리를 가졌다. 물론 성과를 내지는 못했으나 통일의 노력을 멈추지 말아야 함을 김구 선생은 몸소 실천하여 통일의 염원을 우리 민족 가슴에 깊이 남겼다.

그런데, 김구 선생을 상징할 수 있는 음식이 눈에 들지 않았다. 해주가 고향인데 독립투쟁을 위해 타국에서 오랜 기간 떠돌아 딱히 김구 선생을 기리는 음식을 찾을 수가 없었다. 딱 하나가 있기는 했다. 냉면이었다. 김구 선생이 김일성과 담판을 하기 위해 평양에 갔을 때 하루는 숙소에서 몰래 빠져나와 냉면을 드셨다. 김구 선생은 냉면을 무척 좋아하셨다. 그 평양의 냉면을 드시면서 "50년 만에 평양냉면을 먹는데, 그 맛은 여전하네" 하셨다.

그런데, 남측에서 만찬을 준비하면서 냉면을 내자고 할 수가 없었다. 냉면은 북한의 상징 음식이기 때문이었다. 북측에서 기분 나빠할 수도 있겠다고 생각하였다. 고민하고 있는데 이 문제가 엉뚱한 데서 풀렸다. 문재인 대통령이 평양 옥류관 냉면을 가지고 오게 북측에 제안하였고 북측이 흔쾌히 승낙하였다. 이 소식을 회의 중에 듣고 나는 "아!" 하는 감탄사만 내뱉었다. 문재인 대통령은 틀림없이 김구 선생을 떠올렸을 것이다.

언론에 공개한 만찬 관련 자료에서는 냉면에다 김구 선생의 스토리를 입히지 않았다. 북측에서는 생각도 하지 않은 스토리일 수가 있기 때문이었다. 나는 마음속으로 만찬의 냉면을 보며 김구 선생을 떠올릴 사람들이 분명히 존재할 것이라고 생각하였다. 나중에 알았는데 JTBC 뉴스에서 손석희 앵커가 이를 언급하였다. 말하지 않아도 마음을 다하면 통하는 법이다.

그렇게 하여, 냉면 붐이 일었다. 냉면집 앞에 사람들이 줄을 섰고 언론마다 냉면을 화제로 다루었다. 또 하나, 이런 말이 돌았다. "평양의 평양냉면이 평양냉면의 원본일 것인데, 그 평양냉면이 남쪽의 평양냉면과 다르다. 남쪽에서 평양냉면을 잘못 알고 또 잘못 먹고 있었다." 텔레비전 화면에 비친 평양 옥류관 냉면이 남쪽의 유명한 냉면집의 냉면과 너무나 다른 때깔을 하고 있었고, 여기에다 식초와 겨자 심지어 고추양념장까지 더하면서 먹는 것이 "식초와 겨자를 넣지 말라"는 남쪽 평양냉면 마니아들의 주장과 너무나 달랐기 때문이었다. 나는 냉면을 더 맛있게 만드는 '말'로 여길 뿐이었으나 어떤 이들은 정말로 심각하게 이를 따져 물어 머쓱해지기도 하였다. 분단이 길어 냉면에 대한 오해가 발생한 것이다.

메밀국수를 내려 찬 국물에 말아 먹는 음식이면 다 냉면이다. 북한에서는 이를 그냥 국수라고 부르는 일이 더 많다. 이 냉면 중에 평양의 가게들이 내는 냉면이 더 맛있다 하여 냉면에 평양이라는 말이 붙은 것은 일제강점기 때의 일이다. 평양냉면이라는 특별난 조리법의 냉면이 따로 존재하는 것이 아니라는 말이다. 냉면의 조리법은 식재료의 사정에 따라 무수한 변형을 만들어내는데 평양의 냉면집, 그러니까 옥류관의 냉면도 그 수많은 변형 안에 있는 한 냉면일 뿐이다.

한반도에서는 밀이 귀했고 메밀은 흔했다. 따라서 메밀국수를 흔히 먹었으며, 일제강점기만 하더라도 국수라 하면 으레 메밀국수를 뜻했다. 메밀국수는 금방 퍼진다. 그래서 찬 국물에 말아 먹는 것이 일반적이었다. 구한말에 외식산업이 만들어지면서 찬 국물의 메밀국수가 식당에서 팔리기 시작하였다. 이때부터 어느 지역의 냉면이 더 맛있다는 말이 돌았다. 북한의 전통문화 백과사전이라 할 수 있는《조선의 민속전통》에는 "냉면은 평양과 진주가 맛있기로 소문이 났다"는 구절이 있다. 한반도 천지에 냉면 가게가 있었고 그 냉면들은 비슷하면서도 서로 조금씩 달랐다.

음식에는 원본 같은 것이 존재하지 않는다. 된장찌개며 김치찌개에 원본의 조리법이 존재하지 않는 것과 마찬가지로 냉면에도 원본의 조리법이 존재하지 않는다. 평양의 냉면가게에서 내는 냉면이 맛있다는 말이 '평양냉면'이라는 단어를 만들어내었고 분단이 길어지면서 모든 냉면의 원본으로 평양냉면이라는 음식이 평양에 존재한다는 착각을 만들어낸 것이다.

인간의 기억이란, 민족이나 국가 단위 집단의 기억이라 하더라도 이런 식으로 편집이 된다. 그 편집된 기억을 두고 개인의 것은 추억이라 하고 집단의 것은 역사라고 한다. 추억이나 역사란 것은 과거에 있었던 사실에 대한 설명이라기보다 현재 우리의 욕망이 실현될 수 있게끔 과거의 일을 가져와 스토리를 붙이는 작업이라고 할 수 있다. 한민족이 집단으로 실행한 냉면에 대한 기억의 편집은 이렇다.

"냉면은 분단 이전에는 남한에는 없던 것이고, 분단이 되면서 북한의 것이 내려와 퍼진 것이다."

나는 이 독특한 편집 현상에서 우리 민족 가슴 속에 담겨 있는 통일 열망을 읽었다. 북한에서 가져온 것이니 남한에는 없는 것이어야 그 냉면의 의미는 커진다. 냉면이 남한에 있으면 안 되는 것이다. 그런데, 남한에 냉면이 있기는 있다. 그러면, 남한의 냉면과 달라야 한다. 아니, 다르게 보여야 한다. 억지를 쓰더라도 다른 점을 발견해야 한다. 저건 남한 어디에도 없는 북한의 냉면이다. 진짜 평양냉면이다. 저걸 먹어야 한다. 통일되면 저 냉면을 먹으러 제일 먼저 평양에 갈 거야. 통일이여, 오라. 통일이여, 어서 오라. 그럴 날이 곧 올 것이다.

남도음식의
탄생

tvN의 '알쓸신잡' 목포 편을 찍을 때 나는 남진 야시장을 갔었다. 가수 남진의 고향이 목포이다. 고향 사람들이 관광객 손님을 끌기 위해 골목 야시장에다 그의 이름을 붙인 것이다. 커다란 사진도 붙여두고 있는데, 실제로 그 골목 야시장에서 남진이 콘서트도 열었다고 한다.

　남진 야시장에 간 목적이 있었다. 남도음식에 대한 한국인의 심상을 그의 노래를 통해 설명해보고 싶었기 때문이었다. 늘 그랬지만, '알쓸신잡'에서 내가 길게 이야기만 하면 편집된다. 서너 단계의 논리 고비를 넘겨야 하니 지루한 것이 원인이고, 결정적으로 내 말솜씨가 그렇게 뛰어나지 않다는 것이 문제이다. 그때에 편집된 내 이야기부터 들려주겠다. 남진의 '님과 함께'를 흥얼거리며 들어주기 바란다.

저 푸른 초원 위에 그림 같은 집을 짓고 사랑하는 우리 님과 한백 년 살고 싶어 / 봄이면 씨앗 뿌려 여름이면 꽃이 피네 가을이면 풍년되어 겨울이면 행복하네 / 멋쟁이 높은 빌딩 으스대지만 유행 따라 사는 것도 제멋이지만 반딧불 초가집도 님과 함께면 / 나는 좋아 나는 좋아 님과 함께면 님과 함께 같이 산다면 / 저 푸른 초원 위에 그림 같은 집을 짓고 사랑하는 우리 님과 한 백 년 살고 싶어

1972년에 발표하여 크게 히트한 노래이다. 트로트인데 발성법은 블루스 끼를 품고 있다. 남진이 엘비스 프레슬리 흉내를 내어 부르기 때문이다. 토속적이면서 서구적이다. 가사도 그렇다. "저 푸른 초원"은 한국에 없는 풍경이다. 산악국가인 한국에 초원이 아주 드물게 있기는 하나 "저 푸른 초원"에서 떠올릴 수 있는 것은 서구의 자연이다. 넉넉하고 평온한 자연을 그리고 있다. 이어 "반딧불 초가집도 님과 함께면"이라고 하여 토속적 풍경을 끌어온다. 1972년 당시 한국인의

머릿속에 존재하였던 판타지가 적절하게 섞여 있다. 이 노래가 크게 인기를 끈 이유이다.

1972년이면 박정희가 산업화를 본격화하고 있을 때이다. 산업화는 도시화의 다른 이름이다. "멋쟁이 높은 빌딩이 으스대"는 도시로 사람들이 몰려들었다. 5,000여 년을 농민으로 살던 한민족이 순식간에 노동자로 신분을 바꾸는 것은 쉬운 일이 아니다. 갈등이 발생하게 되어 있다. 도시는 농촌과 달리 얼굴과 이름을 다 아는 사람들로 채워져 있던 동네가 아니다. 자본에 고용되어 하는 노동은 자신이 알아서 하던 농촌에서의 노동과 다르다. 농민으로 살 때보다 행복해졌는지 의심하게 된다. 그렇다고 다시 농촌으로 돌아가기도 어렵다. 그 좁은 농지의 수확물로 끼니를 때우는 것도 어려워 도시로 나오지 않았는가. 이럴 때 필요한 것이 판타지이다. 도시의 영화관에서 보았던 "저 푸른 초원 위에 그림 같은 집"을 그린다. 현실적 요소가 살짝 가미되어야 실현 가능한 판타지로 작동할 것이니 "반딧불 초가집"도 등장한다. 1960년대부터 폭압적으로 진행되었던 산업화의 거친 물결 속에 살았던 탈농노동자의 마음이 이 노래에 묻어 있다.

'남도음식은 맛있다'라고 생각을 하니 맛있는 것이다

목포는 남도이다. 남도라는 말만 들어도 음식을 떠올린다. 남도음식은 맛있다고, 다들 그렇게 생각한다. 실제로 남도음식이 맛있는지 어떤지 남도 외 지역의 음식과 비교하여 얻은 결론이 아니다. 그럼에도 남도에 가서 먹는 음식은 다들 맛있다고 한다. 심지어 남도에서는 라면도 맛있다고 주장한다.

'알쓸신잡'에서 유시민 작가가 그랬다. 남도에서는 라면도 맛있다고. 나와 논쟁을 하던 중에 나온 말인데, 나는 남도음식이 맛있는 것은 남도음식이 맛있다고 생각하기 때문이라고 말하고, 유시민 작가는 남도음식은 그 음식 자체가 맛있다고 말하였다. 한국인이 왜 남도음식을 맛있다고 생각하게 되었는지 설명하여도, 이런 게 쉽게 귀에 들 리가 없다. 내 입에 맛있으면 맛있는 것이지 그게 어찌 머리로 먼저 맛있다고 생각하여서 맛있어질 수 있는지 잘 이해가 되지 않는 것이다. 인간이 원래 그렇다. 자신 앞에 놓인 음식의 맛을 뇌에서 먼저 맛을 보고 그 맛을 입이 확인할 뿐이다. 그때 유시민 작가가 내 말을 증명하는 말을 하였다. "남도에 오면 만화 가게에서 끓여주는 라면도 맛있어." 다들 크게 웃으며 넘겼는데, 나도 말을 덧붙이지는 않았다. 유시민 작가는 그 말로 자신의 논리를 버렸기 때문이었다.

여러분들도, 유시민 작가처럼, 그럴 것이다. 내 입에도 그렇다. 남도에 가면 라면도 맛있다. 신기하지 않은가. 라면 회사에서 남도에만 특별난 라면을 제조하여 공급하지 않는다. 남도 사람들만의 특별난 라면 끓이는 법이 존재하지도 않는다. 전국 어디에든 인스턴트 라면은 한 브랜드의 것이면 맛이 똑같다. 그런데, 왜 남도에서 먹는 라면은 더 맛있을까. '남도음식은 맛있다'고 생각하니 거기에서 먹는 라면조차도 맛있다고 생각하는 것이고, 그러니 실제로 맛있다고 느끼는 것이다.

남도음식은 왜 맛있다고 생각하게 되었을까. 남도에서 가서 남도음식을 제대로 먹자면 이 의문을 품고 먹어야 한다. 내 입에 착착 붙으니 맛있는 것이 아니라 어떻게 하여 우리 뇌에 남도음식은 맛있다는 생각이 들어오게 되었는지 그 연유를 따져서 먹어야 한다. 그래야 음식을 '문화적'으로 먹는 일이 될 것이다.

남도라는 경계의 변화

남도라 하여 특별난 구성의 밥상이 차려지는 것이 아니다. 그럼에도 전라도의 음식을 남도음식이라 하여 특별난 대접을 한다. 남도에서는 무엇이든 맛있다고 생각한다. 그 남도란,

우리 머릿속에 존재하는 남도란, 단지 지리적 분류에 따른 개념이 아니다. 정치·경제·사회·문화적 분류이다.

남도란 원래 옛 마한의 문화권을 이르는 말이었다는 주장이 있다. 역시 마한 지역이었던 경기와 충청의 일부 지역은 그 문화권역에서 벗어난 것으로 여기는데, 행정구역의 경계가 문화구역의 경계를 재편성한 것으로 보고 있다. 대중의 머릿속에 있는 남도의 경계는 조금 다르다. 남도란 말은 해방 이후에야 널리 쓰이기 시작하였다. 광복 후 삼팔선이 그어지며 삼팔선 아래를 남도라 하였다. 한국전쟁 이후 분단이 고착화하자 서울, 경기, 강원을 빼고 전라, 경상, 충청을 남도라 하였다. 산업화가 시작되면서 잠시 전라와 경상 지역을 남도라 하다가 곧 전라 지역만 남도라 하였다. 지금은 광주와 전라남도만 남도라고 부르는 경향이 있다.

대중의 머릿속에 남도라는 경계가 변화하는 것을 보면 산업화와 관련이 있음을 발견할 수 있다. 산업화의 혜택을 받지 못하는 지역, 예전의 농촌을 그대로 유지하고 있는 지역에다가 남도라는 말을 붙이고 있지 않은가 하는 것이다. 특히 전라도 지역을 남도라고 강조하여 부르기 시작한 시점이 1980년대였다는 것에 주목할 필요가 있다. 1980년대는 한반도에서 산업화가 고도화되는 시기이다. 농촌에서 도시로 나올 사람들은 다 나왔고, 도시는 날로 번창하였다. 그러면서 도시의 삶이 그다지 행복하지 않다는 사실도 깨닫기 시작하였다. 예전에 살았던 농촌에 대한 향수가 발생하였다. 향토음식에 대한 수요가 나타난 시기가 이때이다.

산업화의 손길이 미치지 않은 지역, 도시화가 진행되지 않은 지역에 우리의 옛 삶이 있을 것이라고 생각하였다. 둘러보니, 전라도 지역이 그랬다. 박정희는 전라도 지역을 농도로 그냥 두었기 때문이다. 농사를 짓고 지역공동체를 이루며 사는 사람들에게서 산업화 과정에서 잃어버린 한국인의 정체성을 발견할 수 있을 것이라 생각하였다. 문화산업 종사자들이 먼저 남도를 훑었다. 남도소리, 남도춤, 남도문학, 남도문화, 남도 그 무엇을 발굴하여 중앙무대에 올렸다. 그 안에 남도음식도 묻어 들어갔다. 남도의 것은 산업화로 망가지지 않은 한국인의 원형이 담겨 있고, 이를 우리는 보존하고 향유해야 한다는 의무감을 가지게 되었다. 그러니 '남도'가 붙은 그 모든 것은 우월적 가치를 가지는 듯이 포장되어야 했다. 남도음식이기만 하면 맛있다고 생각하는 버릇을 스스로 만들어 내어야 했다. 그렇게 남도음식은 '생각하기에 맛있는 음식'으로 한국인의 머릿속에 자리를 잡았다.

어찌 되었든 산업화로 사라져간 우리의 옛것이 남도에 제법 원형을 유지하며 잔존하는 것은 분명하다. 남도에는 소리가 있고 그림이 있고 놀이도 있을 것이지만 대중이 그 남도의 정서를 느끼는 자리는 대체로 남도음식을 맛볼 때이다. 이 남도음식은 대부분 한정식과 백반의 상차림으로 차려진다. 밥이 상의 중심에 버티고 그 밥을 맛있게 먹을 수 있는 반찬들이 그 곁에 놓인다. 한국음식이 급격하게 변하고 있는데도, 일품요리를 메인을 놓고 밥과 반찬을 뒤로 밀어버리는 식으로 변하고 있는데도, 남도음식은 이 밥과 반찬의 구조를 유지하고 있다는 것이 내 눈에는 특별나 보인다.

남도는 오래도록 한반도에서 변방 취급을 당하였다. 남도라는 단어 안에는 역사적 회한과 함께 깊은 슬픔의 서정이 녹아 있다. 슬픔만 있으면 남도 사람들은 버티지 못하였을 것이다. 남도 특유의 풍류 정신도 함께 남았다. 남도에서 남도 사람들과 음식을 먹게 되면 늘 술이 따르고, 그러면 슬프고도 흥겹다. 이 기묘한 두 감정의 뒤섞임을 나는 남도의 멋이라 여긴다. 남도에서는 그 무엇이든 맛있다고 생각하는 한국인의 뇌는 오래도록 지속될 것이다.

한정식은

기생집 상차림의 '전통'을
잇고 있다

한정식은 한자로 韓定食이라 쓴다. '한국의 정식', 혹은 '한민족의 정식'이라 읽는다. 이 단어는 일러야 해방 이후 만들어진 단어이다. '韓–'이라는 접두어는 대한민국 건국 이후에 널리 쓰이기 시작하였고, 한정식도 그 흐름 안에서 탄생하였다.

定食이라는 단어는 일본어에서 유래하였다. '데이쇼쿠'라 읽는다. 말 그대로 '정해진 음식'이다. 손님이 "밥은 팥밥으로 하고, 국은 토란 된장국, 생선은 고등어로 굽고…" 하는 식으로 일일이 주문을 하여 받는 상이 아니라 식당 주인이 알아서 내어놓는 음식상을 말한다.

데이쇼쿠는 일본 료칸에서 비롯하였다. 일본 료칸에 묵은 적이 있는 이들은 알 것이다. 무엇을 먹겠다고 주문하지 않았는데 주인이 알아서 음식을 차려준다. 그 음식이 데이쇼쿠, 즉 정식이다. 외식업체에서 정식이라는 말을 받아 돈가스 정식이니 나베정식이니 하며 확장을 하여 쓰고 있다. 韓定食처럼 和定食도 있는데, 차리는 방식은 물론 확연히 다르다.

한정식은 한자로 韓定食이다.
定食에 韓이 붙었다. 광복 이후에 만들어진 말이다.
定食은 일본어에서 왔다.
일본의 定食은 이렇게 독상으로 차려진다.

조선 전통의 상차림은 독상이다

한정식은 상을 차리는 대원칙이 존재한다. "절대 다 먹지 못하게 차린다"이다. 한정식집에서 모든 그릇을 싹싹 비운다는 것은 기적에 가깝다. 다 먹을 수 있게끔 차려진 한정식이면, 욕먹을 수도 있다. "이게 어찌 한정식이야?" 하고. 30첩 정도는 예사의 일이다. 100첩짜리 한정식도 있다 들었다.

음식을 남기고, 남긴 음식을 재활용하지 않는다면, 주인과 손님 모두 손해이다. 버려지는 음식만큼 비용이 더 들어갔으니 주인이 손해이고, 이미 음식값을 지불한 것이니 버려지는 음식만큼 손님도 손해이다. 다 먹을 수 있는 양만 내면 될것인데, 주인이든 손님이든 모두 손해보는 일을 하고 있다.

한정식의 '다 먹지 못하게 차리는 상'을 두고 전통이라 우기는 이들이 있다. 한민족은 원래 인심이 좋아 손님에게 그리대접하는 것이라고 억지를 부린다. 한민족이 타민족보다 특별히 인심이 좋은지 어떤지는 내 짧은 경험으로는 정확히 알 수가 없으나, 적어도 우리의 옛 상차림에는 그런 게 없다.

조선은 독상獨床이 기본이다. 잔치를 하여도 독상을 안겼다. 온갖 음식을 큰 상에 진열하여 다 같이 먹는 일은 없었다. 교자상이 있지 않으냐 하는데, 이건 행사용 상이다. 혼례나 회갑연 따위에 음식을 켜켜이 쌓아올려 내기는 하나 이

교자상의 음식을 그 자리에서 먹지는 않는다. '식전 행사'가 끝나고 나면 상을 물리고 상 위의 음식을 허물어 독상을 차린다.

독상 전통은 조선 종교의 영향이 크다. 조선은 유교를 믿었던 종교 국가이다. 조선인은 남녀유별男女有別과 장유유서長幼有序의 생활 율법을 지키며 살아야 했다. 한 상에 남녀가 같이 앉아 밥을 먹는 일은 있을 수 없었다. 어른과 아이가 같이 앉아 밥을 먹을 수도 없었다. 가족과 친인척 사이에서도 서열과 나이를 따졌다. 남녀와 장유의 구별과 순서에 따라 독상의 음식이 차려졌고, 이를 순서대로 받아서 각자 홀로 먹었다. 잔치에서도 이 율법은 적용되었다. 조선 유물 중에 소반은 그리 많은데 '대반'은 보이지 않는 까닭이 여기에 있다.

가족 수대로 밥상을 차려야 하니 조선 여자들은 부엌일에 기진맥진하였다. 일제는 이를 악습으로 보고 새로운 가정 풍습을 적극적으로 보급하였다. 가족이 둘러앉아 밥을 먹자는 캠페인을 벌였다. 지금 온 가족이 밥상에 둘러앉아 화기애애 밥을 먹는 것은, 그때 시작된 일이다.

조선시대의 밥상은
독상이었다.
선조 때에 그려진
선묘조제재경수연도(위)에
독상을 받는 사람이 그려져
있고, 구한 말 김준근의
풍속화(가운데)에도 독상이
등장한다. 일제강점기
영국인 엘리자베스 키스의
작품(아래)에도 독상이
나온다. 한 상에 두루 앉아
밥을 먹는 풍습은 없었다.

한정식을 먹기 전, 그리고 먹은 후의 사진이다.
음식이 잔뜩 남았다. 종류가 많아 싸갈 수도 없다.
재활용하면 법에 걸리니 버려야 한다. 손님도 손해,
주인도 손해를 보는 밥상이다. 환경에도 손해이다.
인심이 넉넉하여 이런 밥상이 차려진다는 말은
이제 그만하여야 한다. 폐습일 뿐이다.

식사 전▲

식사 후▼

요정이 한정식집으로 간판을 바꾼 까닭

그러면 도대체 다 먹지도 못하는 음식을 큰 상에 잔뜩 차려내는 이 한정식은 어디에서 비롯한 것일까. 멀리 올라갈 것도 없고, 어렵게 생각할 것도 없다. 다 먹지도 못하는 음식을 잔뜩 차려서는 이를 남겨도 아깝지 않다고 생각할 수 있는 경우를 떠올리면 쉽다. 접대하는 자리의 음식! 이 자리에 접대부와 술까지 있다고 생각해보라. 음식의 수와 양은 접대하는 자의 허영을 보여주기 위해 존재할 뿐이다.

조선에서도 왕이나 양반은 기생을 끼고 술판을 벌였고, 그 자리에서 접대의 일이 있었을 수도 있다. 그러나 본격적인 접대 문화는 일제강점기에 들어 전개되었다. 근대화 과정에서 '돈과 자리'를 두고 남자들끼리 '의기투합'할 필요가 있었기 때문이다. 여기에 아직 여자는 끼지 못하였고, 그래서 남자들끼리의 접대는 흥청망청하였다.

"조흔 의미로 사교장도 되지마는 유야랑遊冶郞[주색잡기에 빠진 사람]의 술 먹고 노래하고 춤추는 행락의 전당인 료리집의 수효는 조선료리집이 팔백구십 호, 일본집이 칠백육십일 호, 중국료리집이 일백사십이 호 도합 일천칠백구십삼 호이다."(1932년 12월 17일자 동아일보)

당시는 농업사회였고 도시는 아직 작았다. 경성의 인구

가 기껏 100만을 바라보고 있을 때였다. 그때 저 정도의 요릿집이면 대단한 숫자이다. 이 기사도 조선의 남정네들이 온통 주색잡기에 빠져 있다고 걱정을 하고 있는 판이다.

조선요릿집은 안순환의 태화관과 명월관이 그 효시이다. 안순환은 대한제국의 관리였다. 망국의 즈음에 왕가의 요리사인 숙수와 기생을 모아 요릿집을 차렸다. 조선왕가의 음식을 낸다고 광고하였지만 음식과 술은 서양식, 일본식, 중국식을 가리지 않았다. 접대의 음식이니 한상 가득 내었다. 이 요릿집 상차림은 순식간에 전국으로 번졌다.

광복과 한국전쟁 등을 거치며 이 땅의 일본요릿집과 중국요릿집은 사라졌으나 조선요릿집은 여전히 번창하였다. 정치와 사업은 여기서 하는 것이라 여길 정도였다. 요릿집보다 요정이라는 말을 더 흔히 썼다. 1960년대 들어 묘한 일이 벌어졌다. 요정 대신에 한정식집이라는 말을 쓰기 시작하였다. 세금 문제였다.

"서울시는 현재 57개소밖에 안 되는 요정 TO를 2백50개소로 대폭 늘려 식당 허가로 한정식 간판을 달고 있는 업소의 업체를 모두 요정으로 바꾸기로 하였다. 서울시 당국자는 이들이 요정 허가를 내지 않는 것은 탈세 때문이라 못박고 요정의 경우 유흥음식세가 총수입의 백분의 20을 내게 되어 있으나 한정식집의 경우는 백분의 10 내지 백분의 5밖에

안 내며…." (1967년 9월 4일자 동아일보)

　　1950년대만 하더라도 드물게 보이던 한정식이라는 단어가 왜 급작스럽게 주요 한국음식으로 우리 앞에 등장하게 되었는지 그 까닭을 이 기사에서 읽을 수 있다. 요정 주인들이 세금을 줄이기 위해 한정식이라는 말을 앞으로 내세운 것이었다. 서울의 200여 한정식집이 다 요정이었다니!

　　1970년대 들어 한정식집 간판을 달았든 어떻든 요정은 룸살롱이라는 신흥 접대 업소에 의해 밀려나게 되었다. 폐업하든가 '진짜 한정식집'으로 업종을 전환하든가 하여야 했다. 그렇게 하여 요정은 극소수만 남게 되었고, 세월이 지나면서 한정식집이 요정이었다는 사실을 까맣게 잊게 되었다.

일제강점기 명월관 홍보 엽서이다. 기생이 춤을 추고 있다. 요릿집, 요정, 기생집이라 불리었다. 접대를 위한 공간이었고, 따라서 허세의 음식이 상에 놓였다. 다 먹지 못하게 차려지는 한정식의 '법도'는 여기서 비롯한 것이다.

　　　　　　　　　　　　　　　　2부 한식 세계화 네버다이

음식을 남길 만큼 많이 주는 것은 악덕이다

과거에 요정 음식이었던 어떻든 한정식을 주요 한국음식으로 여기고 소비할 수는 있다. 안순환이 조선 왕가의 요리사인 숙수를 데려다 요릿집을 차렸으니 궁중→요릿집→요정→한정식집으로 조선음식의 한 맥을 세울 수도 있다. 그러나, 그렇다고 하더라도, 다 먹지 못하게 차리는 접대의 관습을 그냥 두는 것은 바르지 않다. 조선의 유교도 음식 욕심을 부리지 못하게 하였고, 음식을 남겨 버리는 일 따위는 용서될 수가 없었다. 남길 수밖에 없는 양의 음식을 차려 내는 일은 시대와 종교, 지역, 국가, 민족을 떠나서 악덕이다.

한국인의
식탁에서 이루어진

김치
세계화

김치는 찬이다. 주식인 밥 없이 김치 단독으로는 먹을 만하지 못하다는 뜻이다. 그럼에도 한국인은 "김치 없으면 못 산다"고 한다. 밥이 없으면 몰라도 김치 없다고 못 살 정도는 아닐 것인데 한국인은 이 과장의 말을 당연한 듯이 말하고 또 받아들인다.

각 가정에서의 사정은 일일이 살필 수 있는 일이 아니라 모르겠고, 식당에서 보면 한국인은 분명 김치가 없으면 못 산다. 식당의 밥상에는 김치가 반드시 있다. 한식임을 표방하는 차림에 밥이 없는 경우는 있어도 김치가 없는 경우를 나는 거의 본 적이 없다. 외국음식이라 하여도 한국인이 그 식탁에 앉으면 김치가 놓여야 한다. 미국식 스테이크이든 이탈리아의 파스타이든 일본 라멘이든 중국의 코스 요리이든 간에, 한국에 있는 식당이고 한국인이 앉았으면 김치가 놓인다.

그런데, 참으로 기묘하게도, 식당의 그 김치를 다 먹는 한국인은 아주아주 드물다. 젓가락도 안 대는 경우가 허다하다. "설마 그럴까" 하고 의심스러우면 식당에서 관찰을 해보라. 그럴 것도 없다. 스스로 식당에서 김치에 젓가락을 댄 적이 언제인지 기억해보라. 오죽하면 식당에서 김치찌개를 주문하지 말라는 말까지 생겼겠는가. 식탁에 놓였던 그 많은 김치의 행방에 의심의 눈길을 보내는 것은 당연한 일이다.

그러나, 주방으로 되돌아가는 김치의 다음 행선지에 대해 그렇게까지 걱정하지 않아도 된다. 집에서 먹는 '금치'와는 다른 김치이다. 10kg에 1만 원 내외인 중국산 김치일 가능성이 90%이다. 그 가격이면 식당 주인은 눈을 딱 감고 버릴 만하다. 어쩌면 소비자들도 식당 주인의 입장을 파악했을 수도 있다. 주인과 손님이 중국산 김치는 버리기에 적당한 가격이니 일단 식탁에 놓아는 두고, 그 김치를 먹든 말든 서로 관계치 말자고 암묵적 합의를 한 상태일 수도 있는 것이다.

김치라는 이름을 얻는 대신에 잃은 것들

'김치 종주국' 선언이란 게 있었다. 그때가 1994년 가을이었으니 20년이 훌쩍 넘었다. 그때 문득 이런 생각을 하였다. 일본이 스시에 대해, 이탈리아가 피자에 대해, 프랑스가 와인에 대해 스스로 종주국 선언을 하는 일이 과연 있었는가 하는.

그때에 김치의 사정이 좀 특별나기는 했다. 일본이 기무치Kimuchi라는 이름으로 김치의 국제식품규격CODEX을 만들려는 움직임이 있었고, 그래서 급박한 마음에 그 선언이 있었다. 한국은 여기에 대해 Kimchi라는 명칭을 주장하였는데 1997년 결국은 한국의 Kimchi가 받아들여졌다. 세계의 식품업계 관계자들은 김치가 한국음식임을 이미 다 알고 있는 일이므로 이 결과는 당연했다.

그때 일본이 양동작전을 편 것이 아닌가 의심을 해볼 수 있는데, 그러니까 일본으로서는 절대 얻을 수 없는 김치의 영어 명칭을 이슈로 만들어서는 여기에 한국이 관심을 집중할 때에 다른 무엇을 얻어가는 전략을 쓴 것이 아닌가 싶은 것이다. 2001년에 확정된 김치의 국제식품규격을 보면 젓산, 초산, 구연산 등의 첨가를 허용하고 있다. 한국은 전통적으로 김치에 이런 것들을 안 넣는다. 넣는 게 오히려 이상하다. 김치 맛을 내는 데 경험이 많지 않은 일본 식품업체 입장에서

　　　　　　　　2부 한식 세계화 네버다이

는 이런 첨가물이 꼭 필요할 수 있을 것이다. 느낌이 오지 않는가. (일본 측의 Kimuchi 등재 주장은 한국 언론의 오보였다는 말이 있다. 오보였어도 당시 국내 분위기는 사실로 받아들여졌고, 한국 측의 대응도 그 오보에 영향을 받은 것일 수도 있다. 김치의 국제식품규격 등재 후 언론의 보도는 모두 이랬다. "김치가 기무치를 이겼다.")

이름으로는 이겼다 하나 실제 싸움에서의 성과는 영 신통치가 않다. 김치의 국제식품규격이 확정된 2001년 한국의 김치 수입량은 연간 395톤이었다. 이후 이 수치는 그야말로 수직으로 급상승을 하는데, 단 7년 만에, 그러니까 2007년에 연간 김치 수입량이 무려 22만 톤에 이르게 되고, 현재에도 그 정도의 수입량을 유지하고 있다. 물론 죄다 중국산이다. 또 물론, 한국은 김치를 수출하고도 있는데, 그 양은 연간 6천~7천 톤이다.

일본의 김치이다. 일본 외식
업소에는 으레 김치가 있다.
실로 다양한 변주가 일어나고
있는데, 김치에 올리브유를
뿌리기도 하고 파채를 올리기도
한다. 한국인의 입맛에는 많이
어색하다. 한 접시에 3,000원
정도를 받는다.

배추김치만 먹는 김치 종주국

김치 종주국 선언을 하였고 김치가 기무치를 이겼다면서, 왜 한국인은 그 많은 양의 중국산 김치를 수입하게 되었으며, 또 왜 그 김치를 식탁에 올리고는 먹지도 않고 버리는 일을 반복하고 있는 것일까.

서울김장문화제 등 김치 관련 행사에는 늘 수많은 종류의 김치가 전시된다. 먹기 위한 것이 아니라 보여주려고 담근 김치이다. 옛날에 그런 다양한 김치가 있었든 없었든 그 김치들은 이 대한민국에 사는 한국인의 삶과 아무 관련이 없다. 행사장에 전시된 그 김치들은 그림의 떡일 뿐이다. 현재의 한국인은 사계절 내내 대부분 배추김치만 먹는다. 중국에서 수입되는 김치도 배추김치이다.

배추김치는 원래 겨울에 먹는 김치이다. 11월 들어 배추를 수확하고 이것으로 김치를 담가 이른 봄까지 먹었다. 1970년대 김치산업이 움트면서 업자들이 배추김치에 집중하였다. 공장 운영과 김치 판매의 편의성에 따른 것이었다. 산업이 움직이니 가정의 삶도 그에 따랐다. 하우스에서 봄배추를, 고랭지에서 여름과 가을의 배추를 거두어 1년 내내 배추김치를 먹는 일이 일상화되었다. 그러면서 철철이 달리 먹던, 300여 가지나 된다는 계절김치는 사라졌다.

만약에 배추김치만 김치인 듯이 밀지 않았다면, 300여 종은 아니더라도 30여 종이라도 계절별로 다양한 김치를 먹는다면, 지금처럼 중국이 한국 김치시장을 점령할 수 있을까? 소량씩 다품목의 김치 채소를 계절에 따라 재배해야 한다면 중국의 농민과 식품업체는 분명 김치를 버릴 것이다. 그러니 배추김치를 사계절 내내 먹어야 한다는 강박을 만들어놓은 이들이 한국의 김치시장을 중국에 내어주었다고 할 수 있다.

　　또, 적어도 배추김치의 조리법이 지방색을 유지하였더라면 중국산 배추김치를 방어하는 데 조금의 도움이 되었을 것이다. 전국 어디를 가든 똑같은 맛의 배추김치를 내니 중국에서 김치 담그기가 얼마나 쉽겠는가. 텔레비전에 나와 궁중김치니 서울양반김치니 남도김치니 하며 그 조리법을 통일시키는 데 노력한 요리사들과 김치시장을 전국으로 단일화한 김치 업체들도 한국을 중국산 김치 천국으로 만드는 데 혁혁한 공을 세웠다고 할 수 있다.

꽃도 아니면서

식당의 김치는 공짜이다. 물론 음식 가격에 김치가 포함되어 있기는 하나 김치 가격을 따로 매기는 일은 거의 없다. 여기에다, 무한 리필이 된다. 김치를 더 달라는데 "요즘 배추가 비싸서…" 하고 토만 달아도 인심 야박한 식당이나 되는 양 눈치를 준다. 설렁탕집, 칼국숫집 등에서는 아예 식탁에 김치통을 둔다.

한국인은 김치 인심이 좋다고, 아니 원래 음식 인심이 좋아서 그런 것이라는 말은 이제 그만하자. 인심은 인간이면 다 가지고 있는 것이며 한국인이라고 특별나지 않다. 자본주의 사회에 맞게 이 일을 직시하자. 김치를 국산 재료로 제대로 담그려면 돈이 많이 든다. 그 비싼 김치를 무한 리필로 내놓으려니 여간 부담스럽지 않다. 그러니 값싼 중국산이 놓이게 되는 것이다.

손수 담근 좋은 김치를 내놓는 식당이 손님 입장에서 꼭 좋은 것도 아니다. 식당은 식탁에 놓이는 음식 전체에 대해 원가를 뽑는다. 김치에 돈을 많이 들이면 여타의 음식은 소홀해질 수밖에 없다. 김치의 가치를 민족적 정서에서 찾을 것이 아니라 이 자본주의 사회에 걸맞게 경제적으로 따져야 하는 것이다. 제대로 담근 김치이면, 재료비와 공임을 생각하면, 따로 가격을 책정하여야 마땅하다.

김치를 세계화할 수 있다고 열심히 떠드는 이들이 있다. 그들의 말대로 한국의 식당 김치는 세계화하였다. 외국에서 가져온 김치를 일상으로 먹으니 이는 세계화가 아니고 무엇이겠는가. 외국인에게 김치 먹이는 일에 열중하기보다 당장에 우리 식탁에 놓이는 김치부터 챙기는 것이 한국인의 인심을 더 확실히 증명하는 일이라고 그들에게 조언하고 싶다. 꽃도 아니면서 식탁에 가만 놓여 있는 중국산 김치가, 참 애처롭다.

전통음식 전시회장의 김치이다. 김치는 대체로 민족적, 국가적 자부심을 느낄 수 있도록 전시된다.

2부 한식 세계화 네버다이

3부

웅 녀 는

마 늘 을

먹 지 않 았 다

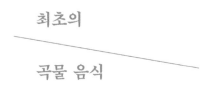

한민족

최초의

곡물 음식

서양음식 책을 보면 인류 최초의 곡물음식으로 오트밀을 꼽는다. 귀리로 죽을 쑤어 소금, 설탕, 우유 따위를 더하여 먹는 음식이다. 그러나 이건 서양 음식 이야기이고, 한민족은 달랐다. 귀리는 고려시대에 우리 땅에 들어왔다.

여름에 농어촌이나 재래시장에서 취재할 때에 가끔 미수를 얻어 마신다. 흔히 미숫가루라고 하는데, 미숫가루는 미수에 쓰이는 가루이다. 미수는 보리, 콩 등을 볶아서 간 가루에 설탕 또는 꿀을 더한 음료이다. 구수한 곡물의 향에 달콤함이 있다. 음료로 또는 간식으로 먹는다. 어느 해 여름에 서울 마장동 육류도매시장의 리어카에서 파는 미수를 마시다가 문득 이런 생각을 하였다. 이 미수가 한민족 최초의 곡물 음식이지 않을까 싶었다. 마장동 상인들이 이 미수를 음료로 마시기보다는 새참으로 먹고 있다는 것에서 비롯한 상상이다.

미수의 어원은 밀수蜜水이다. 꿀물이다. 그런데, 우리는 꿀만 탄 물을 미수라고 하지 않는다. 그건 그냥 꿀물이다. 꿀이나 설탕은 부재료의 첨가물이고 미숫가루라는 곡물의 가루를 물에 탄 것을 두고 미수라고 한다. 미수의 어원과 관계없이 곡물가루 음식이 미수이다. 아주 먼 옛날부터 이렇게 곡물가루를 물에 타서 마셨을 가능성이 있다. 지금이야 곡물을 팬 따위에 볶지만, 팬 같은 것이 없어도 곡물가루, 즉 미숫가루를 만들 수 있다. 벼나 보리, 밀 등을 나락째 불에 넣고 그슬면 팬에 볶는 것과 똑같은 효과를 볼 수 있다. 밀서리, 보리서리, 콩서리를 해본 사람들은 내가 무슨 말을 하는지 잘 알 것이다. 불에 그슬은 겉겨를 탁탁 털어 갈판에 놓고 갈돌로 밀면 미숫가루가 만들어진다.

마장동 육류도매시장 골목에 서서 생각의 고리를 계속 연결하였다. 고대 유적지에서 발견되는 불에 탄 곡물이 떠올랐다. 보통은 이 탄화 곡물들은 곡물 창고에 불이 난 흔적이라고 추정한다. 달리 생각할 수도 있다. 곡물을 불에 그슬어 보관하려다가 심하게 타서 버린 것일 수도 있다. 곡물을 불에 그슬면 균과 벌레를 죽이게 돼 장기 보관에 유리하며 자연 발아가 되는 일도 막을 수 있다. 방아나 맷돌 같은 곡물의 겉겨를 벗겨내는 도구가 개발되기 전 갈돌과 갈판이 흔한 유물이었다는 것이 이런 추정의 또 다른 근거이다. 나는 종이컵에 담긴 미숫를 홀짝이며 이런 판타지를 그렸다. 1만여 년 전 한반도의 조상들이 먹었던 최초의 곡물 음식에 대한 판타지이다.

때는 가을이다. 나뭇잎은 붉게 물들었고 풀들도 누렇게 변하였다. 하늘은 구름 한 점 없이 맑디맑다. 저 멀리 들판에 흰 연기가 피어오른다. 그 연기 주변으로 몇몇 사람들이 분주히 움직인다. 남녀와 아이가 섞인 10여 명의 무리이다. 여자들은 조그만 돌칼을 들고 허리를 숙여 이삭을 훑어 허리에 찬 가죽 자루에 담는다. 벼와 콩, 조 같은 것이다. 아이들이 여자들에게로 뛰어가 자루를 받아서 어깨짐을 하고 불 옆으로 뛰어온다. 불 옆에는 남자들이 쪼그리고 앉아 있다. 아이에게서 넘겨받은 자루를 거꾸로 들고 불길 속으로 던진다. 이삭이 아직 축축하게 물기를 담고 있으니 불길이 확 올라오지는 않는다. 남자들은 겉겨가 타는 것을 봐가며 조심스럽게 곡물을 뒤적인다. 웬만큼 그슬었으면 곡물을 꺼내어 양손으로 싹싹 비빈다. 이미 그렇게 겉겨를 털어낸 곡물이 불 옆에 수북이 쌓여 있다. 해가 지면 이 곡물을 움집으로 가져가 갈판에 놓고 갈돌로 갈 것이다. 미숫가루이다. 물에 타면, 지금의 미수와 똑같다. 고대의 우리 조상들에게 미수는 끼니였다. 마장동 시장의 미수가 아직도 대충의 끼니 역할을 하듯이.

1931년 동아일보에 실린 미수 만드는 법. 곡물의 양을 늘려 먹는 방법으로 미수는 유용하였다. 또한 장기 보관이 가능하고 물만 있으면 조리 과정 없이 바로 먹을 수 있어 전시 음식으로도 쓰이었다.

미수의 추억

내가 어렸을 때 미수라는 말은 거의 쓰지 않았다. '미싯가루'
라 하였다. 미수를 미시라 부른 것은 아니다. 미수라는 말을
아예 몰랐다. 볶아서 간 곡물가루도 미싯가루, 이를 물에 탄
음료도 미싯가루였다. 이런 식으로 말하였다. "미싯가루 가
져온나, 미싯가루 해먹게."

1980년대 이전에, 미수, 아니 미싯가루는 식량이었다.
여기서는 미수이든 미숫가루이든 미싯가루이든 다소 어색하
다. 이를 먹었다는 기억조차 못할 사람들도 있다. 보릿가루라
고 하면 기억이 날 것이다. 1970년대까지 보리는 가루로 만
들어져 끼니로 먹게끔 독려되었다. 쌀이 부족하니 이를 먹어
야 했던 것이다. 미국에서 들여오는 보리도 상당하였고, 이를
가루로 만들어 보급하였다. 정부는 언론을 통하여 떡이나 빵
을 해서 먹으라고 권장하였으나 그럴 형편이 되는 가구가 많
지 않았다. 대체로 볶아서 물에 타 마셨다.

이 미싯가루가 굶주림에 대처하는 음식으로 쓰였음을
조선의 문헌에서도 확인할 수 있다. 조선 숙종 때 간행된《산
림경제》'구황' 편에 이 미싯가루 기록이 있다.

"곡식가루를 만드는 방법은 백미白米 1되로는 가루 2되
5홉을 만들 수 있고, 까끄라기를 제거한 피맥皮麥(찧지 않은 보

리)의 껍질을 제거하고 볶아서 가루로 만들면 2되의 가루를 만들 수 있다. 조粟와 피稷도 동일하다. 대저 1되의 쌀로는 약 2되 5홉의 가루를 만들 수 있는데 1말 쌀로는 2백 50인에게 먹일 수 있으며, 만약 1인에게만 먹인다면 사삭四朔(넉달)을 지탱할 수 있으니, 3말의 쌀이면 1년을 대비할 수 있는 셈이다."(한국고전번역원, 이승창 역, 1983)

1980년대에 들어 먹을거리가 넉넉해지자 보릿가루, 즉 미싯가루는 버려졌다. 미숫가루라는 새로운 이름과 함께 우리 곁에 다시 나타난 것은 1980년대 말이었다. 추억과 건강의 음료로 재포장되었다. 이름을 미숫가루라 하고 이를 전통음료의 맥락 안에서 재해석하자 완전히 새로워졌다. 보리에다 콩이며 흑태, 율무, 현미, 검정깨 등이 들어가게 된 것도 이때의 일이다.

어릴 적 미싯가루에 대한 내 기억은 그다지 밝지 않다. 물에 탄 보릿가루는 맛이 없었다. 고소한 맛이 조금 있기는 하였으나 입안과 목구멍이 꺼끌꺼끌하였다. 단맛을 더해야 하는데 그때에는 설탕이 귀하였다. 신화당, 뉴슈가라는 이름의 사카린을 넣었다. 여름이어도 얼음을 더하는 일은 호사였다. 미지근한 물에 꺼끌한 보릿가루가 풀어져 있고 여기에 사카린을 더한 기묘한 맛을 내는 음식이었다. 따뜻한 물에 풀면 보리죽이 되는데, 겨울에는 이렇게 먹었다.

요즘 선식이라는 이름으로 팔리는 음식을 보면, 딱 미숫가루이다. 몸에 좋다는 온갖 곡물을 갈아서 마시거나 떠먹는다. 고가에 팔린다. 신석기시대에서부터 내려온 한민족의 고대 음식이 재래시장 리어카에서는 노동자의 값싼 새참으로, 또 중산층에게는 고가의 건강 음식으로 분화되어 팔리고 있다.

1974년 매일경제신문의 기사이다. 당시에 혼분식 장려 정책의 일환으로 보릿가루가 다량 보급되었고, 가정에서의 보릿가루 활용법을 알리고 있다. 기사에는 보리빵과 보리비스킷 등을 해서 먹으라고 권장하고 있으나 이를 해먹을 수 있는 가정은 없었다. 그럴 여유가 있는 가정이면 밥을 먹었을 것이다. 대부분의 가정은 보릿가루를 물에 타서 먹었다.

오천년을
먹은

판타지

_____

서기 2019년 올해가 단기로는 4352년이다. 단군이 이 땅에
개국한 지가 4352년이나 되었다는 말이다. 이를 기념하는 날
이 개천절이다. 개천절은 원래 음력을 따라야 하는데 세상이
서양식으로 바뀌어 양력으로 기념한다. 대종교 등 민족종교
단체들은 음력을 고집하고 그래서 음력의 이 날에 맞추어 강
화 마니산 참성단에서 천제를 올린다.

오래전 이 음력의 개천절 행사에 가본 적이 있다. 참성

단 제단에는 떡과 과일 등의 제물이 올랐는데, 천제를 끝내고 이를 나누어 먹었다. 그때 문득 이런 생각을 하였다. 그 먼먼 옛날 단군이 신단수 아래에서 개국을 선언하면서 천제를 올렸을 수도 있다. 그때에 단군은 대체 어떤 음식을 올릴 수 있었을까 하는. 그렇게 하여 내 상상은 이렇게 전개되었다.

음력 10월 3일 개천절 단군의 제사는, 하늘에 계신 아버지 환웅과 할아버지 환인에 올리는 제사였을 것이다. 소나 돼지 한 마리 정도는 잡았을 것이다. 이를 생으로 올렸거나 대충 장작불에 그슬어 올렸을 것이다. 요즘 무당이 하듯이 창끝에 이놈을 꽂아 세웠을 수도 있다. 산에서 나는 도토리나 밤 같은 열매도 그 옆에 수북하게 쌓았을 것이다. 조, 피, 수수, 콩, 쌀 같은 재배 곡물도 올렸을 것이다. 또 이들 곡물로 조리한 음식도 올렸을 것이다. 그게 떡이었을까? 앞의 글을 읽었으면 "미수"라고 답할 것이다. 조금 넓게 보면 미수는 죽이다. 조금 더 깊이 상상해보자.

4352년 전이면 신석기 후기나 청동기 전기 정도로 보면 된다. 농경과 함께 정착 생활이 시작되었을 무렵이다. 조, 피, 수수, 콩, 쌀 등을 거두었는데, 이들 곡물은 생으로 먹기가 버겁다. 그래서 이를 어떤 식으로든 가공하였을 것인데, 그 가공 기구 중 흔한 것이 갈판과 갈돌이다. 바닥이 둥글게 파인 돌이 있고 그 바닥에 맞추진 막대 모양의 돌이 한 조를 이룬다. 이 갈판에 곡식을 놓고 갈돌로 갈면 가루가 된다. 이 곡물의 가루로 해먹었을 음식은 무엇이었을까?

단군의 '국민'들은 움집 생활을 하였고 그 움집 한가운데에는 불을 피우는 화덕이 있었다. 난방 겸 취사용이었다. 이 화덕 곁에는 토기가 있었다. 유약 없이 구운 것인데 곡물을 넣고 끓일 수 있을 정도의 단단함은 있었다. 여기에 곡물 가루를 넣고 끓여 먹었을 것이다. 그러니까 죽이다. 떡을 조리할 수 있는 시루는, 아직 그 시대에는 없었다고 보는 것이 맞다.

음력 10월 3일이면 농사가 다 끝나는 시기이다. 추석을 두고 추수감사절의 의미가 있다고 하지만 이는 근대에 들어 만들어낸 말이다. 음력 10월 3일이 한반도 사람들의 본디 추수감사절일 수 있다. 환웅이 이 땅에 데리고 온 신하가 풍백, 운사, 우사라 한 것은 인간이 이 땅에서 농사짓는 일을 하늘이 허락하였다는 의미를 지니고 있는 것이니 개천절의 천제는 "올 한해 농사 잘 지었습니다" 하고 환인과 환웅에게 알리는 일이라 할 수 있다.

개천절을 한반도의 추수감사절로 삼자 하면, 개천절 천제 제단에 죽을 올리자 하면, 이날에는 단군 이래의 한반도에 살았던 모든 농민을 추념하기 위해 멀건 죽 한 그릇씩 먹자 하면 어떨까 싶다.

3부 웅녀는 마늘을 먹지 않았다

윤두서 선생이 1668년에 그린
작품이다. 화제는 '採艾채애'이다.
'쑥을 캔다'는 뜻이다. 멀리서 쑥 캐는
여인네를 보면 봄날에 동면에서 깬
곰이 어슬렁거리며 걸어가는 듯하다.
우리 조상이 쑥 캐는 여인네를 보고
웅녀 설화를 만들었을 수도 있다.

단군신화는 음식신화

개천절 행사 음식을 바꾸는 일은 내 능력으로는 어려울 것이고, 내가 새로이 그려낸 단군신화 판타지는 제법 호응을 얻고 있다. '쑥과 달래' 이야기이다. tvN의 '알쓸신잡' 덕이 컸다. 방송에서는 아주 짧게 언급하였을 뿐인데 시청률이 워낙 높아 파급력이 있었다. 단군신화에 등장하는 '쑥과 마늘'을 '쑥과 달래'로 바꾸어야 한다는 주장은 1990년대 중반부터 여기저기에서 글과 말로 줄기차게 하였었다. 마늘을 달래로, 그러니까 단어 하나 달랑 바꾸자는 뜻이 아니었다. 단군신화의 판타지 그 자체를 완전히 새롭게 하자는 게 내 주장이다.

삼국유사의 단군신화 내용 중 쑥과 마늘이 등장하는 부분은 대충 이러하다.

"곰과 호랑이가 환웅 앞에 나타나 인간이 되길 바라고, 환웅은 동굴에 들어가 햇빛을 보지 않고 쑥과 마늘만 먹으며 100일을 버티면 된다고 하였다. 호랑이는 참지 못하고 도망을 하였고 곰은 삼칠일(세 차례의 7일, 즉 21일)을 버텨 여자가 되었다. 이 '곰 여자'가 웅녀이다. 웅녀는 환웅과 결혼하여 단군을 낳았고, 그 단군의 후손이 한민족이다."

단군신화는 한국인이면 다 안다. 초등학교 가기도 전에 그림 동화책에서 이를 배운다. 그렇다고 이를 말 그대로 믿는 일은 없다. 곰이 어떻게 사람이 될 수 있겠는가. 신화는 상징일 뿐이다. 단군신화는 한민족의 정체성을 확보하는 한 상징으로 작동한다. 단군신화의 상징을 굳이 풀자면, '하느님의 피를 받은 성스러운 민족', '참을성 있는 민족', '고진감래를 아는 민족' 등이 될 것이다.

단군신화에 나온 쑥과 마늘도 한민족에게 한 상징의 음식이 된다. 쑥과 마늘을 좋아하는 민족, 아니다, 쑥과 마늘을 좋아하여야 한민족이 될 수 있다는 관념을, 글자를 배우기도 전에 그림 동화책을 보며 머리에 새긴다. 한국인이 그 씁쓰레한 맛의 쑥을 어릴 때부터 아주 잘 먹으며 마늘이 듬뿍 든 음식을 유독 즐기는 입맛을 가지게 된 것은 단군신화 덕이 컸다고도 볼 수 있다.

그런데, 단군신화에 나오는 쑥과 마늘이 현재 우리가 먹고 있는 쑥과 마늘인지는 의문이 들었다. 단군신화는 삼국유사에 전하는 내용을 원본으로 하는데, 삼국유사는 한자로 쓰여 있다. 그 책에 쓰인 쑥과 마늘에 해당하는 한자는 靈艾영애와 蒜산이다. 靈艾는 '신령스러운 쑥', 蒜은 '마늘'로 해석한다. 이런 식의 해석이 굳어진 것은 아마 일제강점기 즈음이 아닐까 싶다. 이 해석이 맞을까?

蒜부터 보자. 蒜은 마늘만을 뜻하지 않는다. 달래, 파, 마늘, 부추 등을 이르는 한자이다. 그런데, 조선에서 마늘은

蒜이라기보다 葫호라 하였다. 大蒜대산이라고도 하였다. 삼국유사 제작 시기인 고려시대에도 그랬을 수 있다. 또, 마늘은 몽골에서 전래된 외래식물이다. 마늘이란 말도 몽골어 '만끼르'에서 왔다. 蒜에 해당하는 식물 중 자생식물로는 달래, 산파, 산부추, 산마늘이 있다. 근래 산마늘이 유행하면서 뒤에 '–마늘'을 붙이고 있으니 산마늘을 신화 속의 그 蒜이라 말하는 사람들도 있다. 蒜이라 할 수 있는 자생 식물 중에 달래가 우리 민족에서 가장 친숙한 것으로 보이므로 단군신화 속의 蒜은 달래로 읽는 것이 좋지 않을까 하는 게 내 생각이다.

그다음은, 靈艾. 흔히 '신령스런 쑥'이라 번역한다. 艾는 '쑥'이라 번역하는 것이 적당해보이기는 한데, 그 앞에 靈은 대체 왜 붙어 있는지 알 길이 없다. 靈이 艾를 '신령스러운'

마늘은 고려시대에 들어온 외래 작물이다. 한반도에서 자생하지 못한다. 따라서 단군신화의 蒜산을 마늘이라 번역하는 것이 어색하다.

3부 웅녀는 마늘을 먹지 않았다

으로 수식하는 것이 아니라 靈艾라는 또 다른 식물 이름일 수도 있을 것이다. 어떤 이는 약쑥, 그러니까 강화의 사자발 쑥 같은 쑥일 수도 있다는 설명을 붙이기도 한다. 일단은, 쑥이라는 해석을 뒤집을 만한 연구가 없으니 쑥이라 보는 것이 적당할 것이다.

단군신화의 '쑥과 마늘'을 '쑥과 달래'로 바꾸어 번역하면 단군신화의 한 장면이 이때까지 보아왔던 그림 동화책의 그것과 다르게 그려질 수 있다. 쑥과 달래는 한반도 산야에서 이른 봄에 돋기 때문이다.

왜 '곰 인간'만 살아남았을까

눈이 녹고 나무가 물을 올릴똥말똥할 때이다. 벌나비가 날기는 아직 이르고 겨울 철새가 북녘을 향해 날아가고 있다. 이때이면 인간의 먹을거리는 극단적으로 부족해진다. 지난 가을에 거두었던 식량은 동이 나고 산야에는 겨우 머리를 디민 어린 풀이 군데군데 보일 뿐이다. 흔히 보릿고개라 하는 기간이다.

단군신화의 호랑이와 곰은 이른 봄날 굶주림에 허덕이는 두 부족의 인간을 뜻할 수 있다. 그때 환웅이라 불리는 인간 집단이 나타났다. 먹을 것이 없다고 생각한 봄의 땅에서 쑥과 달래를 캐서 먹는 집단이다. 쑥과 달래는 날로 먹기에는 정말 고약한 맛을 가지고 있다. 쓰고 맵다. 보통은 쓰거나 매운 맛의 풀은 독성이 있어 먹지 않는다. 그런데, 환웅의 인간은 이것을 먹어도 괜찮다고 곰과 호랑이의 인간에게 권하였다. 이를 받아들인 곰의 인간은 살아남았고, 이를 거부한 호랑이의 인간은 죽어 도태하였다.

이는 어디까지나 내가 그린 단군신화 판타지이다. 그럴듯한 판타지로 읽혔으면 한다. 이를 한민족만의 독특한 음식 문화와 관련지으면 그 의미는 크게 확장된다.

한민족만큼 다양한 푸성귀를 먹는 민족은 없다. 온갖 풀과 나뭇잎을 나물이라는 이름으로 먹는다. 그냥 먹으면 탈이 나는 푸성귀도 데치고 말려서 독성을 제거하여 먹는다. 한반도에서 자라는 식물 중 1,000여 종이 먹을 수 있는 식물이며 그 목록과 조리법이 전승되고 있다. 이 다양한 푸성귀 음식은 다른 민족에게서는 쉬 발견되지 않는다. 단군신화의 쑥과 달래는 따라서 그 여러 푸성귀를 상징하는 것이라 할 수 있다. 그 쓴맛과 매운맛의, 도저히 먹을 수 없을 것으로 보이는 푸성귀까지 먹어내는 민족이 웅녀의 한민족인 것이다.

봄이 되면 산나물 취재를 위해 산으로 들로 나다녔다. 나물은 대체로 나무가 듬성듬성 자라는 능선에 많다. 나물을 캐는 사람 중에 남자는 거의 없다. 예부터 나물을 캐는 일은 여자의 일이다. 요즘은 젊은 분들도 없다. 할머니들이 나물을 캔다. 할머니들은 나물이 있는 자리에 잠시 쪼그리고 앉았다가 일어나서 다른 자리로 옮겨서 다시 쪼그리고 앉는 일을 반복한다. 이런 동작을 반복하는 할머니들을 멀리서 보고 있자면 마치 이른 봄에 동면에서 깨어나 들판에서 먹이를 찾고 있는 곰처럼 보인다. 웅녀는 먹을거리가 없던 한반도에서 자식들을 어떻게든 먹여 살렸던 우리 어머니들이며, 그 인고의 세월을 견뎠던 우리 어머니들을 단군신화에 길이 새겨두었던 것은 아닐까 싶다.

요즘은 달래를 재배한다. 달래는 재배를 하여도 한반도의 자연에서 자생한다. 단군신화의 蒜산은 달래로 번역하는 것이 적당하다.

달래밭 ◀

삼국사기에
등장하는

'豉'의
해석 문제

우리 조상들은 음식에 대한 기록을 그다지 자세하게 남겨놓지 않았다. 그 조금의 기록도 대부분 한자로 적혀 있어 그 한자의 음식이 대체 무엇인지 알아내는 데에 무척 힘이 든다.

나는 고문헌 연구자는 아니다. 그럼에도 맛 칼럼니스트로 일을 하자니 어쩔 수 없이 고문헌을 뒤지게 된다. 다행히 한문을 제법 해득할 수 있어 공부하는 재미는 있다. 단군신화의 '蒜'을 달래로 읽어야 한다는 주장은 그나마 내 짧은 한문

　　　　　　　　　3부 웅녀는 마늘을 먹지 않았다

해득 능력이 있어 가능한 일이었다. 그 외 고문헌에 등장하는 음식 관련 한자에서 재미난 판타지를 그려내곤 하는데, 아직 글로 남길 만하지는 않고, 그중에 이것 하나는 더 밝혀두고자 한다. 삼국사기에 등장하는 '豉'의 해석 문제이다.

米미, 酒주, 油유, 蜜밀, 醬장, 豉시, 脯포, 醢해. 삼국사기에 적혀 있는, 신라 문무왕이 결혼을 할 때 그의 신부가 폐백으로 가져온 물품 목록이다. 당시의 신라인들이 어떤 음식을 먹었는지 추정해볼 수 있는 중요한 기록이다. 이 한자들을 어떻게 해석할 것인지 참 어려운 일이다. 신라시대인 683년에 일어난 일을 462년이 지나 고려시대인 1145년에 기록하였기 때문이다. 신라의 음식을 고려의 음식으로 재해석하여 기록하였을 수도 있다는 생각도 해야 한다. 이를 다시 삼국사기가 간행된 지 874년이 지나 대한민국인 2019년에 한글로 해석한다는 것이, 참 엉뚱한 일일 수도 있다.

어떻든, 일단은 한글로 풀어보자. 米는 '쌀', 酒는 '술', 油는 '기름', 蜜은 '꿀', 여기까지는 쉬운데, 그 뒤의 醬과 豉에서부터는 멈칫하게 된다.(그 뒤의 脯는 '고기 말린 것', 醢는 '젓갈류'로 풀이할 수 있다.) 먼저, 醬을 '된장'이라 할지 '간장'이라 할지 애매하다. 고추는 조선시대에 들어왔으니 고추장일 리는 없다. 삼국시대이면 된장과 간장이 분화되어 있지 않았을 것이라 보는 것이 맞다. 삼국시대의 醬은 콩을 삶아 띄운 후 소금물을 타서 걸쭉하게 만들어놓은 정도의 음식이었을 것이다. 그런데, 좀 더 정밀하게 들어가면 그 醬이 간장 된장의 장이 아닐 수도 있다. '고기류를 소금 등에 절여서 보관하는 음식'도 醬이라고 하기 때문이다. 다음의 豉는 해석하기가 더 어렵다. 현대의 자전에는 豉를 '메주 시'라고 해놓아, 이를 '메주'라고 번역하는 것이 일반적이다. 내 상상력으로는 豉는 '말린 청국장'이라고 번역하는 것이 적당하다고 본다.

'말린 청국장'이라 하니 근래에 유행하는 청국장 분말이나 환을 떠올릴 사람들이 있을 것 같다. 왕의 건강 음식으로 예비 왕비가 청국장 분말을 챙겼다? 그럴 리가 있나. 그냥 음식으로서의 말린 청국장이다. 추측해볼 수 있는 것이, 왕이 전쟁에 나가서 먹을 비상식량으로 이 말린 청국장을 가져왔을 가능성이 더 높다. 전투식량으로서의 청국장!

콩은 한반도와 만주가 원산지이다. 그래서 콩은 한반도 어디에서든지 잘 자란다. 오랫동안 먹으려면 보관이 문제이다. 특히 고온다습한 여름을 넘기기가 어렵다. 삶아 띄워서 말리면 몇 년을 버틴다. 요즘 말로 하면 '말린 청국장'이다.

3부 웅녀는 마늘을 먹지 않았다

한민족 전투식량

콩은 만주와 한반도가 원산지이다. 그러니 오래전부터 한민족은 콩을 먹었다. 콩을 가을에 수확하면 봄까지는 보관할 수 있으나 여름을 넘기기가 어렵다. 장마의 높은 온도와 습도에서는 콩이 썩거나 싹을 틔워 못 먹을 것이 된다. 요즘도 콩을 장기간 보관하기 위해서 콩 자루 밑에 팔레트를 깔고 한여름에는 냉풍기를 돌린다. 그런 것이 없었던 옛날에는 콩을 어떻게 보관하였을까. 물론 선선한 광에다가 넣기도 하였을 것이나 그보다 더 나은 방법이 있었다. 삶아서 말리는 것이다.

콩은 삶아서 그냥 두면 바실러스균에 의해 뜬다. 이를 요즘에는 청국장이라고 한다. 콩이 삶아진 데다 바실러스균에 의해 영양분 분해까지 일어나 소화가 잘되는 음식이 된다. 이 청국장을 바짝 말리면 몇 년을 두어도 쉬 상하지 않는다. 먹을 때에는 물에 불려도 되고 끓여도 된다. 콩은 단백질과 지방, 탄수화물의 균형이 훌륭한 음식이니 장거리 여행 시에 이 하나만 들고 나서면 된다. 문무왕이 말을 타고 전장에 나서면서 이 말린 청국장을 자루에 담아 안장 옆에 달아매었을 것이란 추측은 충분히 할 수 있다. 고구려가 아시아 대륙을 점령할 수 있었던 것도 말린 청국장 덕분이었다는 주장도 있다. 고구려의 뒤를 이은 나라가 발해이다. 《신당서》에 발해의 수도 책성의 주요 산물로 '豉'가 기록되어 있다.

　콩을 보관하기 위해 삶아서 띄우는 방법은 의외로 이 지구에 흔하다. 중국에는 두시가 있고, 일본에는 낫토가 있으며, 인도는 스자체, 네팔은 키네마, 인도네시아는 템페, 태국은 토아나오, 부탄은 리비잇빠 등의 콩 발효 보관 음식이 있다. 아프리카에도 있다. 다와다와라고 한다. 인간이 발효의 기술을 가지게 된 것은 발명에 의한 것이 아니다. 발견이다. 콩을 익혀 두면 발효가 일어나고 이를 장기 보관할 수 있다는 것을 발견하는 일이 전 지구적으로 있었던 것이다.

　중국의 두시豆豉라는 단어에 '豉'가 있다. 청국장을 豉라고 하는 '전통'이 한반도에서는 사라졌으나 중국에서는 여전히 이 단어를 쓰고 있다. 제조 방법에 따른 담두시淡豆豉, 함시鹹豉 등의 말이 존재한다. 조선의 문헌에도 담두시니 향시香豉니 하는 단어가 종종 등장한다. 근대 이후 청국장이라는 말이 크게 번지면서 수천 년 전통의 음식이 일상에서 멀어져갔다.

대만의 두시豆豉이다.
달큰하고 묽은 된장의
맛이다. 아시아에서는
다양한 두시가
존재하는데, 다양한
된장이 존재한다고 보면
이해하기 쉽다.

　3부 웅녀는 마늘을 먹지 않았다

중국인이 맡았던 한민족의 몸 냄새

조선시대 연암 박지원이 중국 대륙을 여행하였다. 그때 쓴 글이《열하일기》라는 이름으로 전한다. 이 글에 고려취高麗臭라는 단어가 등장한다. 조선인에 대한 중국인의 관찰과 시선이 담겨 있다. "냄새가 고약한 것을 고려취라 한다. 이는 고려 사람들이 목욕을 하지 않아 발에서 나는 땀내가 몹시 나쁜 까닭이다. 우리는 그 의미를 알지 못한 채 나쁜 냄새가 나면 고려취(고린내)가 난다고 한다." 고려인, 그러니까 조선반도 사람들의 몸에서 나는 냄새를 중국인들이 맡았고, 그들은 이를 고려취라고 한다고 적고 있다. 목욕을 하지 않아 나는 냄새라는 것이 민족 감정을 건드리기는 하여도, 당시 조선인의 몸에 고려취가 난다는 기록에서 나는 조금 엉뚱한 상상을 하였다. 혹시 청국장 냄새를 뜻하는 것은 아니었을까 싶은 것이다.

청국장 냄새는 기묘하다. 꼬릿꼬릿하고 퀴퀴하다. 그런데, 옛날에 시골의 모든 집에서 이 냄새가 났다. 메주를 방에서 띄우기 때문이었다. 삶은 콩이 바실러스균 등에 의해 분해가 되면서 나는 냄새이다. 청국장 냄새이기도 하다. 이 냄새는 워낙 강렬하여 집 안 구석구석에 밴다. 이불에도 옷에도 배고, 그러니 몸에도 밴다. 옛날 시골 어른들의 몸에서 나는 냄새, 그것이다. 그게 중국인이 말하는 조선 사람들의 몸 냄새인 고려취일 수도 있다.

　사람의 몸에는 어느 지역에 사는가에 따라 특유의 냄새가 난다. 미국인에게는 미국인의 냄새가 있다. 중국인에게도 특유의 냄새가 있고, 일본인에게도 있다. 현재 한국인의 몸에서 나는 냄새를 외국인에게 물으면 대체로 마늘 냄새를 이야기한다. 생마늘이 든 김치를 일상으로 먹기 때문일 것이다. 연암 선생 당시, 아니다, 고려취라는 말이 그보다 훨씬 이전에 만들어졌을 것이니 연암 선생 이전에 아주 오래전부터, 중국인이 한민족의 몸에서 맡았던 냄새는 청국장 냄새였다는 것이 나의 상상이다. 신라시대 문무왕의 몸에서도 이 꼬릿꼬릿하고 퀴퀴한 고려취가 났을 것이다.

떡의 시대,

공동체의
시대

현재 한민족의 주식은 밥이다. 솥에 쌀을 넣고 끓여 익힌 음식이다. 우리 조상들이 곡물을 생산하면서부터 이 밥을 주식으로 삼았던 것은 아니다. 오랜 조상들이 곡물로 처음 해먹었던 음식은 죽이다. 곡물을 대충 갈아 물을 더하고 끓이면 되는, 그 조리 기술이 단순한 음식이다. 그다음으로 창안된 음식은 떡이었을 것이다. 시루에 곡물가루를 안쳐 쪄서 먹었다. 그다음으로 개발한 음식이 밥이다.

죽→떡→밥으로 주식이 변화하게 된 데는 조리 도구와 관련이 있다. 곡물로 밥을 짓기 위해서는 쇠붙이의 솥이 필요한데, 고려시대 이전 쇠붙이는 귀하여 무기로나 쓰였지 솥을 만드는 것은 드문 일이었다. 국립중앙박물관에 가면 삼국시대의 유물에 시루가 유독 많이 눈에 보이는 것도 그 이유이다. 또 하나, 도정 기술이 영향을 미쳤다. 쌀이나 보리는 겉겨가 알곡에 바짝 붙어 있다. 이 곡물로 밥을 지으려면 겉겨를 말끔히 제거하는 도정 기술을 확보하여야 한다. 여기까지 이르는 데 상당한 시간이 필요하였을 것이다. 곡물을 갈아서 거친 가루로 만든 후 끓이거나 찌는 기술이 오랫동안 우리 민족의 주식 조리법으로 내려왔을 것이다.

떡은 주로 쌀 또는 찹쌀로 빚는다. 찹쌀에 비교하여, 쌀을 멥쌀이라고도 한다. 찹쌀은 시루에 찐 후 떡판에 올려 떡메로 쳐서 떡을 만든다. 쫄깃한 식감이 있어서 찰떡이라고 한다. 쌀, 즉 멥쌀은 물에 불려서 가루를 낸 후 찌는 것이 일반적이다. 쌀가루에서 쪄낸 상태의 것을 시루떡이라 하고, 이를 다시 치대어 길쭉하게 뽑은 것을 가래떡이라 한다. 송편은 그 빚는 과정이 조금 다른데, 쌀가루를 뜨거운 물에 반죽하여 소를 넣고 모양을 잡은 후 시루에 쪄낸다.

떡은 우리 민족만의 음식은 아니다. 쌀을 주식으로 하는 아시아권에서는 두루 먹는다. 떡을 빚는 방법은 조금씩 다르겠지만, 쌀을 가루내거나 찌는 과정은 거의 같다. 서양의 빵과 비교하자면, 곡물가루의 반죽을 구우면 빵, 이를 찌면 떡이라 할 수 있다.

고구려 안악 고분 벽화의 시루이다. 저 안에 곡물가루가 들었을 것이고, 결과물은 떡일 것이다. 물론 지금의 떡과는 매우 다를 것이다. 밥의 시대 이전에 떡의 시대가 얼마간 있었고, 그 흔적이라고 볼 수 있다.

떡은 담장을 넘는다

밥은 담장을 넘지 않지만, 떡은 담장을 넘는다. 떡은 나눠 먹는 음식이다. 추석과 설 등 명절에 떡을 해서 친지와 나눠 먹고, 백일, 돌, 결혼식, 회갑연에도 떡을 해서 돌린다. 차를 사도 떡을 하고, 이사를 해도 떡을 해 이웃에 돌려야 "예의를 안다"는 말을 듣는다. 한민족의 머리에 박혀 있는 떡에 대한 관념은 '공동체 음식'이다.

떡이 주식이었을 때, 우리 민족은 마을 단위의 공동체 생활을 하였다. 그 공동체는 대체로 혈연이 중심이었다. 지금처럼 가장과 그 직계 자손으로만 구성되는 핵가족의 '집안' 개념은 없었으며 마을 공동체 전체가 '한 집안'이라 여기고 살았다. 마을 전체 구성원이 공동으로 생산하고 수확물을 나누는 삶에 익숙해 있었을 것이다. 그 당시 불을 꺼뜨리지 않고 보관하는 것은 큰일이었다. 또 조리기구도 귀한 것이었다. 그래서 집단으로 취사를 하였다. 공동체 사람들이 일정한 때에 다 같이 모여 끼니를 해결하였던 것이다. 그 공동체의 음식이 떡이었고, 그래서 지금도 떡은 '나누는 음식'이라는 관념이 전해오고 있는 것이다.

밥은 무쇠솥이 일반화된 이후에 주식으로 정착하는데, 고려 중기부터 밥이 일상화한 것으로 추정하고 있다. 밥은 가족끼리 먹는 음식이라는 관념이 강한데, 밥의 시대에는 공동체 의식이 다소 흐려지면서 가족 의식이 싹텄을 것으로 짐작할 수 있다. '한솥밥 먹는 식구'라는 말도 그즈음에 생겼을 것이다.

밥의 시대, 즉 가족의 시대가 열렸다 하여도 전통적인 농경사회에서는 농사에 서로 힘을 보태야 하는 일이 많았다. 봄에 모내기도 같이하여야 하고 장마에 논고랑도 함께 손을 봐야 했다. 가을이면 집집이 돌면서 추수를 도왔다. 그러니 예부터 내려오는 마을 단위의 공동체 의식을 유지할 필요가 있었다. 시절마다 마을 단위의 행사를 벌여 공동체 의식을 확인하는 일을 벌였고, 그 행사의 주요 음식으로 공동체 음식인 떡이 놓였다. 먼 옛날 조상들이 끼니마다 모여 다함께 떡을 먹었던 그때의 유대감을 상기시키는 전략이었던 것이다. 민요 '떡타령'에 나오는 그때의 공동체 음식인 떡은 대충 이랬다.

"정월 대보름 달떡이요, 이월 한식 송병松餅이요, 삼월 삼진 쑥떡이로다. 떡 사오, 떡 사오, 떡 사려오. 사월 팔일 느티떡에 오월 단오 수리취떡 유월 유두에 밀전병이라. 떡 사오, 떡 사오, 떡 사려오. 칠월 칠석에 수단이요, 팔월 가위 오려송편 구월구일 국화떡이라. 떡 사오, 떡 사오, 떡 사려오. 시월 상달 무시루떡 동짓달 동짓날 새알시미 섣달에는 골무떡이라. 떡 사오, 떡 사오, 떡 사려오."

떡타령에 나오는 떡을 흔히 '시절 떡'이라 한다. 이 떡은 마을 단위로 사람들이 모여서 한다. 집에서 각자 떡을 했어도 집에서만 먹는 떡은 아니었다. 떡을 했으면 반드시 돌렸다. 한국이 돌연 산업사회로 바뀌면서 이 시절 떡이 사라졌다. 마을이 사라졌으니, 공동체가 사라졌으니, 이 떡들도 사라진 것이다.

떡은 밥보다 가공
과정이 복잡하다.
그래서 공동 작업을
하여야 한다. 재래
방식으로 떡을 빚는
떡 가공 공장에
가면 떡의 시대에
우리 조상들이 어떤
삶을 살았는지
대충 그림을 그릴
수가 있다. 협업은
필수다. 그래서 떡은
공동체의 음식이다.

3부 웅녀는 마늘을 먹지 않았다

새해 첫날에 떡국을 먹는 이유

한민족을 상징하는 떡을 꼽자면, 그 처음에 떡국이 있다. 새해 첫날 조상에 차례를 올리면서 내는 음식이 떡국이다. 이 떡국을 먹어야 나이 한 살을 더 먹는다고 한다. 설날에 떡국을 먹는 이유에 대해 그동안 많은 설명과 주장이 있었다. 떡국의 떡은 동그랗고 희니까 새해에 뜨는 태양을 상징한다고도 하고, 엽전 모양으로 생겼으니 새해에 복을 부르는 음식으로 먹는다고도 하였다. 나중에 그 같은 의미를 붙여 떡국을 먹고 있는 것이지 설날 떡국의 유래에 대한 명료한 설명은 되지 못한다.

설날은 새해의 시작을 알리는 명절이다. 요즘은 음력 1월 1일만 설이라 하지만 원래는 섣달그믐부터 정월 대보름까지를 설이라 하였다. 대보름이 지나면 농사를 시작하여야 하니 일종의 춘절로 해석할 수 있다.

새해를 맞는 설 풍습은 동양 각국이 비슷하다. 오랫동안 서로 문화적 영향을 미치며 살아왔기 때문이기도 하지만 벼농사를 삶의 기반으로 살아왔던 민족이라는 공통점에서 생겨난 유사성이 더 많다. 설날 음식도 비슷한 것이 많은데, 떡국도 그중 하나이다. 일본은 된장이나 가다랑어로 맛을 낸 국물에 찹쌀떡을 넣은 오조니를 먹고, 중국에서는 쌀로 만든 경단을 국물에 넣은 탕위앤을 먹는다.(중국은 남과 북이 다르다. 밀 생산이 많은 북부 지방은 만두를, 쌀을 재배하는 남부 지방에서는 탕위앤을 주로 먹는다.) 이 동양의 떡국들은 평상시에는 잘 먹지 않다가 설날에는 꼭 챙겨 먹는 것이 똑같다. 새해에 복을 부르는 음식이라는 관념도 비슷하다.

　동양 삼국의 설날 음식이 모두 '떡국'이라는 공통점은 먼 옛날 각 민족의 조상들이 매우 유사한 음식을 먹고 살았다는 사실을 말해주고 있다고 할 수 있다. 그렇다고 서로 문화 교류가 활발하여 음식도 비슷해졌다는 것은 아니다. 멀리 떨어져 있어 교류할 수 없어도 식재료와 조리도구의 비슷한 한계로 인하여 유사한 음식을 만들어 먹을 수밖에 없었다고 보는 것이 맞다. 인문학적 상상력을 동원하여 떡국의 유래를 추적해보자.

　앞에서 나는 떡이 주식이었던 시대가 있었다고 하였다. 한반도만이 아니라 중국과 일본도 옛날에 비슷한 사정으로 떡이 주식이었던 시대가 있었을 것이다. 조리도구가 넉넉한 것이 아니고 불은 혹여 꺼트릴까 봐 한 곳에서 집중적으로 관리하고 있었을 것이다. 곡물을 빻는 일도 쉬운 노동은 아니다. 매일 떡을 할 수는 없었을 것이다. 날을 정해 다 같이 모여서 한꺼번에 떡을 하였을 것이다. 그리고 이를 나누어 가져갔을 것이다. 다음에 떡할 날까지 이 떡을 잘 보관하면서 먹어야 했을 것이다.

떡을 받아서 움막으로 가져와서는 이를 다음 떡 하는 날까지 잘 보관하여야 할 것인데, 상하지 않게 하려면 바람이 잘 통하는 곳이 적당할 것이다. 천장에 매달거나 시렁에 올렸을 것이다. 그런데, 떡은 식으면 굳는다. 며칠이 지나면 이빨이 안 들어갈 정도로 딱딱해진다. 굳은 떡은 그냥 먹기가 힘들다. 먼 옛날에, 전자레인지가 있어 돌릴 수 있는 것도 아니다. 떡을 다시 부드럽게 만드는 방법은 물에 넣는 것이다. 따뜻한 물이면 더 좋다. 물이 들어가니 양도 늘어난다. 떡을 저장해두었다가 물에 넣어 먹는 음식, 떡국이다. 떡국은 떡이 주식이었을 당시 가장 흔히 먹었던 음식일 수가 있다.

설날의 차례는 새해를 열면서 조상신에게 제물을 올리는 행사이다. 일 년 중 가장 중요한 제례이다. 조상신에게 올리는 음식은 그 조상이 일상에서 즐겨 먹었을 것으로 판단되는 음식을 올린다. 조상신이 잘 먹어야 한다고 생각하기 때문이다. 일부 유학자 집안에서 익히지 않은 제물을 제사상에 올리는 것도 이와 같은 이유라 할 수 있는데, 화식火食 이전 그 머나먼 조상들의 음식이 전래되고 있다고 봐야 한다. 떡국은 아주 먼 옛날부터 오랫동안 우리 조상들이 주식으로 먹어, 식재료가 바뀌고 도정 기술과 조리도구가 발달하여 밥이 주식이 되고 난 다음에도, 조상신을 기리거나 공동체 의식을 되살리는 행사, 그중에서도 민족 최대의 행사인 설에는 꼭 내놓아야 하는 음식으로 자리를 잡고 있는 것이다. 일본과 중국 떡국들의 유래도 이와 다르지 않다.

일본과 중국의 떡에 대한 공동체 정서는 한국과 같다. 그래서 설에는 떡을 나눈다. 특히 떡국을 앞에 두고 그 수천 수만 년의 공동체 정서를 다진다. 한·중·일의 정상들이 설날 아침에 모여 떡국 한 그릇씩 나누는 상상을 해본다. 형제로서 서로 덕담을 나누는. 내가 몽상가인가.

한·중·일은 설날에 떡국을 먹는다. 떡과 고명, 국물이 달라도 떡국은 떡국이다. 오래전부터 한·중·일에 살았던 민중의 삶이 비슷하였다는 뜻이다.

떡국▲   탕위앤▲

오조니▼

3부 웅녀는 마늘을 먹지 않았다

대보름달만큼 풍성하였던 그날의 먹을거리

———

정월 대보름은 설의 마지막 날이다. 일제강점기에 일제가 한반도의 풍습을 축소하면서 설날과 대보름이 각각의 명절로 분절되어버렸다. 설의 옛 풍습을 되돌리자 하여도 이제는 어렵다. 한국처럼 일을 많이 하는 사회에서 보름씩이나 놀자고 하면 다들 못 참아 할 것이다.

옛날의 설은 이랬다. 그믐밤을 꼬박 새우고 초하루에 조상에 차례를 올리고 가까운 친인척부터 시작해 몇 날 며칠을 두루두루 새해 인사를 하러 다녔다. 이때 음식을 나누고 술을 나눈다. 초하루는 차례를 올리므로 놀이는 하지 않는다. 다음날부터 연날리기, 제기차기, 팽이치기 등 아이들의 놀이가 시작되고 이 놀이판에 어른들이 서서히 참여하여 윷놀이, 널뛰기, 고누놀이 등이 벌어진다. 집안 마당에서 시작된 놀이는 마을 마당으로 나아가고, 그 놀이판을 점점 키워 대보름에 와서는 마침내 동네끼리 한판 놀이를 벌인다. 대보름에 맞춰 고싸움, 투석, 줄다리기 등을 하는 것이다. 이 대보름 놀이를 하기 위해 설 기간 마을 사람들은 놀이의 준비를 하여야 하므로 이런저런 추렴을 한다. 풍물패가 조직되고 이들이 집안의 지신을 밟아주는 대가로 음식과 돈을 거둔다. 그리고 마침내 보름달이 떠오르면 달집을 태우고 마을끼리 한판 붙는다. 대보름은 섣달그믐부터 시작된 '춘제'의 대미를 장식하는 날인 것이다. 대보름이 지나면 한 해 농사를 준비하여야 하고, 그래서 이날은 무조건 신나게 놀아야 한다. 대보름에 일하면 동네 사람들에게 이런 욕을 들었다.

"야 이놈아, 네놈 때문에 동네 사람들 한 해 고생하게 생겼다!"

나는 1962년 정월생이다. 경남 마산이라는 소도시에 살았으나 초등학교 다닐 때까지만 하더라도 정월 초하루부터 대보름까지의 설 풍습을 즐겼다. 동네 아이들과 연을 만들어 뛰어다니며 날렸고 함께 팽이를 돌렸다. 제기차기는 나도 꽤 잘했다. 대보름이 다가오면 동네 청년들로 조직된 풍물패가 돌았다. 앞뒤로 포수와 할망이 붙어 흥을 돋우었는데, 할망은 남자가 치마저고리를 입고 연지곤지에 입술까지 빨갛게 발랐었다. 어린 나와 친구들은 이들 뒤를 졸졸 따라다녔다. 집집이 들어가 지신을 밟아주면 그 대가로 음식이며 술, 돈을 내었고, 이 음식을 어린 우리에게도 나누어주었다. 꽁꽁 언 팥시루떡이었지만 달았다. 돈이 적니 많니 하며 어른들끼리 다투는 일도 재미있었다.

대보름날 아침이면 오곡밥이 차려졌고 묵나물 반찬이 한 상이었다. 늘 외할머니가 이 음식을 해서 가져왔던 것으로 기억하고 있다. 내 어머니는 외할머니의 맏딸이고, 그래서 그렇게 챙겼는가 싶다. 부름으로 호두며 밤, 땅콩을 이빨로 깨뜨려 먹었다. 잣은 귀하였다. 땅콩이 항상 수북하였던 기억이 있는데, 낙동강변의 창녕 남지에서 나온 땅콩이었을 것이다. 어른들은 귀밝이술이라며 낮술을 마셨다. 얼큰해진 동네 어른들은 윷판을 벌였고 거기서 '꾸지'로 빼낸 돈으로 다시 술을 사서 마셨다. 이 윷판에서는 항상 "애들은 가라"였다. 도박성이 있는데다 말 놓는 일을 두고 음담이 오갔기 때문이다. 엎어라 빼라 어쩌라 하였으니.

마침내 보름달이 뜰 때가 다가오면 온 동네 사람들이 뒷산으로 올랐다. 무학산 줄기였다. 내내 가지고 놀았던 연도 가지고 갔다. 달이 뜨기 전에 연을 날려 보내야 했다. 하늘하늘 먼먼 하늘로 날아가는 연들이 아득하였다. 아깝지만 그래야 복이 온다고 믿었다. 약간 움푹 파인 곳에는 커다란 달집이 준비되어 있었다. 어린 내 눈에는 3층 높이는 될 듯싶었다. 달이 뜨는 것과 동시에 달집에 불을 붙였다. 타닥타닥 벌겋게 탔다. 온 산이 밝았다. 달집 주변에는 나이든 여자들이 빼곡하였다. 그 여자들 속에 외할머니도 보였다. 두 손을 모아 싹싹 빌었다. 복 달라고, 아들딸 잘살게 해달라고, 손주들 공부 잘하게 해달라고.

어느 때부터 마산에서도 설 놀이가 시들해졌다. 대충 짐작할 수 있는 것은 수출자유지역과 한일합섬 등 산업시설이 들어서면서 마산 사람들도 서서히 산업사회에 맞추어 살게 된 까닭일 것이다. 공장에서 설날에 닷새 정도는 쉴 수 있게 해주어도 어찌 보름씩 놀릴 수 있겠는가. 산불 난다고 달집을 못 태우게 한 것도 한 원인일 것이다.

서울에서 나고 자란 내 자식들에게 그때의 대보름날 놀이를 이야기해주면 달나라 이야기로 듣는다. 매년 장모가 해서 보낸 오곡밥과 묵나물을 먹고 밤에는 아이들과 땅콩이며 호두를 이빨로 아드득 까서 먹지만 그때의 그 맛은 나지 않는다. 마산의 그 공간과 무학산은 여전할 것이나 그때의 그 고향은 이제 없다. 실향민이 따로 없다.

추석에는 오려송편을 먹었다

———

설 다음으로 큰 명절이 추석이다. 추석이면 송편을 먹는다. 앞에 옮겨놓은 '떡타령'을 보면 "팔월 가위 오려송편"이라 되어 있다. 가위는 한가위, 즉 보름을 말한다. 그런데, 가위의 떡을 그냥 송편이라 하지 않고 오려송편이라 했다. 송편이기는 한데 그 앞에 '오려'가 붙어 있다. 또, "이월 한식에 송병"이라는 떡이 나온다. 이도 송편이다. 멥쌀가루를 익반죽하고 풋콩, 깨, 밤 같은 소를 넣어 반달 모양으로 빚어서 시루에 솔잎을 켜켜로 깔고 찐 그 떡이다. 그러니까 송편은 반드시 추석에만 먹었던 떡이 아니었던 것이다. 그러면, 오려송편은 또 무엇일까.

추석을 흔히 한반도의 추수감사절이라고 말한다. 하지만, 그렇지 않다. 추석 때면 대부분의 곡식과 과일이 익지 않는다. 근대화 초기에, 서양에는 추수감사절이 있는데 그런 의미의 한민족 명절은 없을까 생각하다가 추석에다 추수감사절이란 의미를 부여한 것이다. 추석은 일 년 중에 달이 가장 크게 보이는 보름이라 조상께 제를 올리는 날로 정한 것일 뿐이다. 날씨도 선선해지고 농사도 수확만 남겨놓아 노동에서 잠시 해방되어 놀 수 있는 날이기도 했다.

떡 빚을 쌀은 아직 거두지 못했는데 달은 휘영청 높이 돋았다. 무슨 수를 쓰든 떡은 빚어야 한다. 달마다 공동체 의식을 다지는 시절 떡이 필요한 것이다. 그래서 생각한 것이 오려쌀이다. 덜 익은 벼를 거두어 만든 쌀이 오려쌀이고, 그 오려쌀로 빚은 송편이 오려송편이다.

오려쌀은 올벼의 쌀이란 뜻도 있고, 덜 익은 벼의 쌀이란 뜻도 있다. 올벼는 일찍 거둘 수 있는 극조생종의 벼인데, 대부분 찰벼이다. 송편은 멥쌀의 떡이니 이 올벼의 오려쌀로 빚는 것은 아니었을 것이다. 그러면 추석에는 덜 익은 벼의 쌀인 오려쌀로 송편을 빚었다는 말이 된다. 덜 익은 나락을 훑어 솥에 쪄서 말린 후 겉겨를 털어낸 쌀을 오려쌀이라 한다. 시골 장날에 가면 찐쌀이라고 파는 그 쌀이 오려쌀이다. 그 오려쌀로 빚은 송편이 오려송편이다.

요즘은 사철 쌀이 넉넉하니 오려송편 빚는 일은 없다. 추석에 맞추어 일찍 수확한 햅쌀로 송편을 빚기도 하지만 대부분 지난해 거둔 쌀로 송편을 빚는다. 오려쌀은 잊혀졌지만 송편은 유구하고, 또 이것만으로도 추석은 의미가 있다.

산문 밖으로
나온

사찰음식

1962년생인 나는, 끼니를 얻으러 대문 앞에서 염불을 외던 스님들을 기억하고 있다. 목탁을 치기도 하였다. 이 소리가 들리면 어머니는 '자동'으로 일어나 부엌에서 쌀 한 공기를 퍼서 들고나왔다. 공손히 드리고 또 공손히 받았다. 스님은 어머니께 복을 비는 듯한 말을 조용히 던지고 사라졌다. 집안에는 불교 신자 한 명 없었다. 그럼에도 스님이 오면 이래야 한다는 것은 '자동'이었다.

탁발은 남방불교만의 전통이 아니다. 석가모니도 그랬고, 모든 불교는 원래 탁발이 전통이다. 한국을 비롯한 몇몇 지역의 불교가 이 탁발 전통을 버렸다 하여 원래 탁발이 없었던 듯이 말하면 안 된다. 불교 정신을 가장 잘 표현하고 있는 관습을 찾자면 탁발만 한 것이 없다.

"더욱 격렬하게 아무것도 안 하고 싶다"

불교 승려는 머리카락을 깎는다. 민머리로 멋을 내는 것은 포기하여야 한다. 멋을 부리기 위한 옷을 버리고 펑퍼짐한 승복만 입어야 한다. 결혼은 물론 성생활도 금지이다. 술과 담배도 하면 안 된다.(종파에 따라 어떤 것은 허용하기도 한다.) 이를 두고 흔히 "속세와 인연을 끊는다"고 표현한다. 속세에서 얻을 수 있는 쾌락을 버리는 것인데, 이 무욕의 상태를 일상에서 지속적으로 지켜야 하는 것이 승려의 의무이다.

승려가 무욕의 마음을 가져야 하는 것은 그 마음으로 성불을 하여야 하기 때문이다. 부처가 되는 게 혼자만의 일이면 종교로 성립되기 어렵다. 성불하여 속세의 '못난 중생'을 제도하여 다 같이 극락왕생하도록 도와야 한다.

무욕. 욕심 없음. 이건, 인간으로서 참으로 견디기 어려운 일이다. 온갖 것에 욕심이 붙기 때문이다. 법정 스님은 어

3부 웅녀는 마늘을 먹지 않았다

디서 선물 받은 난 하나에, 그 작은 난 하나에, 자신의 마음이 흔들리는 것을 알아차리고 그 난을 버리는 것에서 자신의 무욕을 증명하기도 하였는데, 그 난에 법정의 욕심이 붙는 과정을 보면 법정이 그 난에 어떤 행위를 함으로써 비롯하는 욕심이다. 난에 물을 주고 잎을 닦고 하면서 마음이 빼앗겨버린 것이다.

탁발은 욕심이 생기지 않게끔 '아무것도 하지 않겠다, 더욱 격렬하게 아무것도 하지 않겠다'는 의지를 표현하는 일이다. 욕심은 생산 활동을 하게 되면 멈출 수 없다는 것을 잘 아니까 이러는 것이다. 농사를 지어보라. 쌀 한 톨을 더 얻기 위한 욕심은 저절로 생기고 그러니 벌레와 풀을 그냥 두지 못하게 된다. 밭에서는, 내가 키운 오이가 남의 오이보다 더 나아야 한다는 욕심이 생긴다. 가축을 키우고 물고기를 잡아보라. 더 튼실하고 맛있는 닭과 돼지를 갖기 원하고, 더 많은 물고기를 잡기 위해 더 큰 배와 더 튼튼한 그물에 욕심을 낼 것이다. 이런 욕심을 발생시키지 않으려면 아무 일도 하지 말아야 하고, 그래서 얻어먹어야 하는 탁발이 불교의 전통으로 자리잡고 있는 것이다. 한국불교는 1962년 탁발을 금지했으나 그 정신까지 금지된 것은 아니다.

스님은 탁발하는 것이 전통이다.
조선시대 신윤복이 탁발을 하는
스님을 그렸다. 법고를 치는 이는
머리를 깎은 것으로 보아 스님이
분명하고 그 옆에서 목탁과 꽹과리를
치는 이들은 신도인 듯하다. 고깔을
쓰고 부채를 든 이는 스님 같은데,
머리를 숙여 구걸하고 있다.

욕망의 사찰음식

속세의 것은 아무것도 하지 말고 오직 해탈하는 일에만 몰두하라고, 그렇게 하여 다 같이 성불하게 해달라고, 중생이 승려를 거두어 먹이는 것이 불교의 전통인데, 요즘은 이게 뒤집어졌다. 승려가 음식을 해서 중생에게 먹인다. 사찰음식이라는 이름으로 건강에 좋다면서 먹인다. 해탈의 경지는 보여주기 어려우니 밥이라도 해서 먹이는 것으로 승려의 의무를 대신하겠다는 것인지.

물론, 종교도 인간의 일이라 시대와 지역에 따라 다양한 면모를 나타내게 된다. 21세기의 한국불교가 사찰음식을 중생에게 먹이는 것으로 종교적 의무를 수행하겠다 하면, 그럴수도 있는 일이다. 그것으로 중생이 해탈을 하지는 못하더라도 위로의 마음을 얻는다면 의미 있는 일일 수도 있다. 그런데, 뭔가 참 어색하다.

"사찰음식이 가진 가장 중요한 정신은 찾아볼 수 없고 음식의 겉모습 다듬기에 치중하는 움직임이 있다. 사찰음식에 치자와 오미자, 백년초 등 화려한 물감으로 색을 입히는 것도 모자라서 중국음식을 모방한 버섯탕수, 팔보채, 누룽지탕이 등장했다. 일본음식인 생선초밥을 흉내 낸 더덕초밥에 오이초밥, 심지어는 산삼말이까지 등장하고 이것이 진기한

사찰음식의 정수처럼 소개된다. 새삼 염려스럽다."(2010년 12월 25일자 동아일보 정산 스님의 칼럼)

사찰음식의 어색함은 불교 내부의 시선에서도 걸려든다. 스님이라 말을 많이 아꼈다. 내가 보기에는 불교 정신을 비꼬는 듯한 사찰음식이다. 세속의 욕심에 굴복한 승려들의 밥상을 대하는 느낌이랄까.

정산 스님이 지적한 "중국음식을 모방한 버섯탕수, 팔보채, 누룽지탕"처럼 사찰음식은 표고버섯이며 두부, 더덕, 도라지 등에 특히 많은 공력을 들인다. 이것들은 보통 간장 또는 고추장에 참기름 또는 들기름 등으로 양념하여 기름에 지지거나 굽는다. 요리하는 스님들은 이 음식의 의미에 대해 이런 말을 한다. "불가에서는 육식을 못하니 고기 대신에 고기 맛이 나는 음식을 내는 것이지요." 스님 코앞에서는 대놓고 말을 하지 않았지만, 그럴 때면 나는 속으로 늘 이런다. '스님, 고기에 대한 욕망 하나 못 끊고 그 대체품 마련에 그리 공력을 들인다니, 이를 지켜봐야 하는 중생이 외려 부끄럽습니다.'

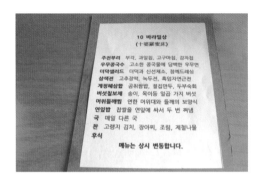

10 바라밀상
(十바라密床)

주전부리 부각, 과일칩, 고구마칩, 감자칩
우무콩국수 고소한 콩국물에 담백한 우무면
더덕샐러드 더덕과 신선채소, 참깨드레싱
삼색전 고추장떡, 녹두전, 흑임자연근전
계정혜삼합 공취쌈밥, 찰집만두, 두부숙회
버섯칠보채 송이, 목이등 일곱 가지 버섯
머위들깨찜 연한 머위대와 들깨의 보양식
연잎밥 찰쌀을 연잎에 싸서 두 번 쪄냄
국 매일 다른 국
찬 고랭지 김치, 장아찌, 조림, 제철나물
후식

메뉴는 상시 변동합니다.

사찰음식 전문점의
차림표와 그 차림표에 있는
계정혜삼합이다. 차림표의
음식이 코스로 나온다.
스님들이 수행 중에 먹는
음식은 아니다. 민가의 음식과
다른 점은 고기와 오신채가 안
들어갔다는 것뿐이다.

솜씨 좋은 스님이 있을 수는 있다

사찰음식은 1980년대 한국음식문화판에 문득 등장한다. 그 이전에는 사찰음식이라는 카테고리 자체가 없었다. 흥미로운 것은, 애초에 불교계에서 들고나오지 않았다. 전통음식을 연구한다는 이들이 전국 사찰에 이런 음식이 있더라 하며 전시회를 열었고 승려 출신이라는 이가 인사동에 가게를 열고 산중음식이라며 팔기 시작하였다. 1990년대에 들어서자 사찰음식을 전문으로 한다는 승려들이 여기저기에서 나타났다.

1990년대 중반 나는 이런 생각을 하였다. '현재 한국인이 먹는 음식은 산업화 이후에 변형된 것일 수 있다. 산업화 이전의 한국음식, 그러니까 한국음식의 원형을 알 필요가 있다. 그게 어디에 있을까? 혹 사찰음식은?' 하고 여기저기 사찰을 다녔다. 그러나 사찰의 부엌은 그때 이미 '보살님' 차지였다. 그 보살님도 연변 보살님, 필리핀 보살님…. 부엌도 이미 현대식으로 바뀌어 있었다. 큰 사찰은 대형 밥솥이며 찜기 등으로 밥하는 것이 여느 단체급식소와 같았다. 다른 점은 딱 두 가지. 오신채와 육류가 없다는 것. 사찰음식을 '조사 연구'하는 스님들도 뵈었다. 사찰음식이 '요리'의 대상이 아니라 '조사 연구'의 대상이라는 것이 사찰음식의 현실을 보여주었다. 사라졌으니 이를 조사하여 기록하고 연구하여야 했던 것이다.

2000년대 들어 사찰음식은 인기 대폭발의 트렌디한 음식이 되었다. 웰빙, 로하스 등의 개념 안에서 사찰음식이 주목받게 된 것인데, 육식보다 채식을, 가공식품보다 자연식품을 먹자는 생각이 사찰음식 붐을 불러일으켰다. 여기저기에서 사찰음식 강좌가 열렸고 사찰음식 전문 식당도 번창하게 되었다.

사찰음식이라 불리는, 그러니까 '사찰 밖의 사찰음식'이, 과연 원래부터 사찰에 있던 음식인가 하는 데에는 의문이 있다. 사찰음식이란 게 민가의 음식과 큰 차이가 없었기 때문이다. 보통의 한국음식에서 고기와 오신채를 뺀 정도의 음식이라고 보는 것이 타당하다. 물론 사찰이 위치한 지리적 특성상 산에서 나는 열매며 푸성귀의 활용이 많다는 점이 특징적이기는 하다.

사찰의 승려가 하늘에서 뚝 떨어지는 것은 아니다. 다들 속세에 있다가 산문에 든다. 그러니 승려 중에 음식 솜씨 좋은 이들이 있기 마련이다. 가끔 이런 분들의 음식을 먹을 때가 있는데, 고기와 오신채가 없음에도, 아니 그게 없으니 더욱더 특별나게, 맛난 것은 분명하다. 이들 스님의 솜씨가 날로 발전하여 사찰음식이 점점 화려해질 수 있으며 대중 입맛에 영합하여 온갖 기술을 펼칠 수 있다는 것은, 괜히 하는 염

려가 아니라, 현재의 사찰음식에서 충분히 발견되고 있다. 이
음식들을 사찰음식이라는 이름으로 먹으며 불교 정신을 이
해할 수 있게 한다는 것은 궁중음식이라는 한정식의 상차림
에서 조선의 성리학적 이상을 확인케 하는 것만큼이나 난센
스한 일이다.

탐욕의 시대에 필요한 것은

탁발은 얻어먹는 것이다. 그러니 원래 승려는 이걸 먹겠다 저
걸 먹겠다 할 수가 없다. 주는 대로 먹어야 했다. 탁발의 전통
이 사라졌다 하여도 지켜야 할 불교 정신은 있다. 수행자에게
음식은 어떤 의미의 것인지 탁발의 전통에서 찾아야 할 것
이다. 그럴 것이면, 사찰음식은 외려 탐식에 찌든 대중의 욕
망을 되돌아보게 하는 무욕의 음식이어야 적절할 것이다. 죽
으며 자신의 흔적 모두를 버리라고 하였던 스님이 있는 것을
보면 한국불교가 아예 죽은 것은 아닐 터인데.

이밥에
고깃국은

한민족의 젖과 꿀

한국인은 한반도를 금수강산錦繡江山이라 한다. 비단에 수를
놓은 듯 아름다운 땅이라는 뜻이다. 열대의 사막이나 극지방
의 동토에서 사는 사람들도 자신의 땅에 이 정도의 찬사는
보낼 줄 안다. 자신의 삶터에 대한 자부심은 모든 인간이 지
니는 감정일 것이다. 이 자부심을 걷어내고 한반도를 단지 농
업생산자의 시각으로만 보자면, 이 땅을 아름답다 하기는 어
렵다. 지질학적으로 한반도는 '늙은 땅'에 든다. 유기물 함량

이 적어 생산성이 떨어지는 흙을 지니고 있다. 겨울이 5개월 정도 지속되어 재배할 수 있는 농작물의 종류가 다양하지 않다. 여름이면 긴 장마가, 가을에 들면 태풍이 이 땅을 괴롭힌다. 그래서 이 금수강산에 살았던 우리 조상들은 늘 굶주렸다. '이밥에 고깃국'이 유토피아의 한 상징이었을 정도이니.

쌀밥은 너무나 귀하였다

쌀밥을 한민족의 주식이라고는 하나 쌀밥을 넉넉하게 먹었던 적은 없었다. 이 땅의 민중들은 잡곡과 초근목피가 기본 식량이었다. 극히 일부의 지배계급 빼고는 가을걷이 때에 잠시 쌀밥을 구경하는 것이 전부였다. 그 잠시의 경험은 강렬하였을 것이다. 여느 곡식에서는 느낄 수 없는, 잡곡밥에서는 절대 얻을 수 없는, 하이얀 때깔과 부드러움, 촉촉함, 그리고 달콤함이 있기 때문이다. 내내 거친 잡곡에다 초근목피로 연명하다가 가을에 딱 한번 입에 대는 그 보드라운 쌀밥에 영혼이 빼앗겼을 것이다.

벼농사가 제법 규모를 갖추기 시작한 것은, 기분 나쁘게도, 일제강점기였다. 경지정리와 수리 시설 확보, 그리고 품종개량으로 쌀 생산량이 부쩍 늘었다. 그러나 이 쌀이 조선의 민중에게는 돌아가지는 못하였다. 일본의 조선반도 증미정책은 일본을 위한 것이었다. 일본은 쌀이 부족하였고 그 쌀을 조선반도에서 확보하였다. 이 상황을 두고 쌀 수탈이라고 하나, 어떻든 일본에 쌀을 넘기고 적든 많든 돈을 받았다. 그 쌀 판 돈으로 식민지 조선의 민중은 중국에서 수입한 좁쌀 등을 사 먹었다. 1930년대 조선 민중의 끼니는 쌀 3에 잡곡 7 정도의 비율이었다.

1930년대 중반에 조선에서는, 놀랍게도, 쌀이 남아돌아 걱정하였다. 먹고 남는 쌀에 대한 걱정이 아니었다. 일본에서 쌀값이 크게 떨어져 일본에 팔지 못하고 남아도는 쌀이었다. 그 쌀을 팔아 잡곡을 사 먹어야 하는데 그러지 못하여 걱정이었다. 광복 이후에는 사정이 더 복잡해졌다. 일본의 쌀 시장을 잃었기 때문이다. 쌀 밀수출이 있었고, 일본 쌀 수출을 촉구하는 여론이 일었다. 이밥이 아니라 잡곡밥이라도 배불리 먹어야 했던 절박함이 있었다.

일제강점기에 쌀로 술과 엿 등을 만들지 못하게 하여 전통음식의 맥이 끊겼다고들 하나, 일제가 한민족의 전통을 끊자고 한 짓으로 해석하는 것은 과장되었다. 그때의 식량 사정 때문에 그랬다고 보는 것이 바르다. 광복 후 한국 정부에서도 이 강제적 절미節米 정책을 유지하였다. 쌀로는 떡, 술, 엿 등을 해먹지 못하게 하였다. 설날에도 떡방앗간에서 가래떡을 뽑지 못하게 할 정도였다.

　미국산 밀이 값싸게 공급되자 혼분식 장려 정책을 썼다. 집안 밥상에까지 감시의 눈을 들이밀기 어려우니 식당과 학교 등에 이 정책의 집행이 집중되었다. 일주일에 며칠을 무미일無米日이라 정하고 그날에는 식당에서는 쌀밥을 내지 못하게 하였다. 학생의 도시락에 잡곡이 얼마나 섞여 있는지 교사가 검사하였다. 대통령 내외가 나서 칼국수를 즐긴다며 홍보하였고, 햄버거가 영양식이니 이를 많이 먹자며 햄버거 가게 개설에 지방정부가 지원하였다.

구한말의 사진이다. 어마어마한 밥그릇이 올려져 있다. 밥을 많이 먹어 대식국이라는 말을 들었다고 한다. 곡식이 넉넉하여 많이 먹은 것은 아니었다. 고기가 없으니 밥이라도 많이 먹어야 했다.

밥이 후식 대접을 받다

1973년 통일벼가 보급되었다. 그때까지의 벼 품종에 비해 30% 정도를 더 거둘 수 있는 벼였다. 인디카계의 유전자가 포함되어 있어 밥의 찰기가 떨어지고 키가 작아 볏짚의 활용도가 떨어지는 등 여러 단점이 있었으나 다수확이라는 단 하나의 장점에 비하면 그 단점들은 전혀 중요한 것이 아니었다. 공무원들은 모내기한 논을 돌아다니며 다른 벼 품종이 심겨 있으면 이를 뽑아내고서라도 강제로 통일벼를 심게 하였다. 그렇게 하여 1976년 쌀 자급률 100%를 기록하였다. 한반도의 사람들이 마음껏 쌀밥을 먹을 수 있는 시대가 열린 것이다. 이는 한민족이 이 땅에 들어와 살기 시작한 이래 최초의 사건이었다. 이후 풍흉에 따라 쌀 자급률이 100%에 못 미칠 때도 있었지만 쌀이 모자라 못 먹는 일은 사라졌다.

그러나, 상황이 변한 것은 순식간이었다. 쌀이 남아돌아 문제가 되기 시작한 것이다. 남아돌면 덜 심으면 될 것이 아니냐 싶지만, 농산물 재배는 최소한 1년을 계획해야 하므로 시장의 수급에 맞추어 탄력적으로 운용될 수 있는 것이 아니다. 벼를 심는 논이라는 게 한두 해 묵혀 두면 논으로서의 역할을 잃고 되고, 그런 논이 많아지면 쌀 부족의 일이 벌어질 수도 있다. 쌀이 남아돌 상황을 예측하고 그 대책을 세우는 일에 정부가 능란할 수 있기를 바라는 것은 무리이다. 이런 일이 급작스럽게 닥칠 것이라고는 아무도 생각하지 못했던 것이다.

1980년대에 들면서 한국 경제는 급성장하였다. 중산층이란 계급이 만들어졌다. 아파트에 살면서 자가용을 몰고 다니는 핵가족이 등장하였다. 그들은 햄버거, 피자, 프라이드치킨 등 미국식 음식을 먹는 것으로 자신의 계급성을 확인하였다. 한국음식도 이들 중산층의 욕구에 맞추어 재편성되었다. 식탁에 불판을 올리고 쇠갈비나 등심을 구웠다. 그러지 못하는 사람들은 삼겹살과 돼지갈비를 구웠다. 불판 위에 냄비를 올리고 끓이는 탕 음식도 번창하였다. 생선회도 대중화되었다. 그 모든 상차림에서 밥은 후식처럼 밀렸다. 고기를 구워 먹고, 탕을 끓여 먹고, 생선회를 먹고 나서, 더 먹을 배가 남아 있으면 밥을, 그것도 국수나 냉면과 비교해가며, 먹었다. 1인당 쌀 소비량은 그렇게 하여 급격하게 줄었다.

1992년 통일벼는 퇴출되었다. 한민족 역사상 처음으로 주곡의 자급을 이루게 해준 벼 품종이 기껏 20년 만에 사라진 것이다. 통일벼의 퇴출만으로 남아도는 쌀 문제가 해결될 수 있는 것은 아니었다. 한국인의 입맛이 바뀌었기 때문이다. '이밥에 고깃국'은 이미 이룬 유토피아의 것이니 더 이상 욕망의 대상이 될 수가 없다. 아침에 밥을 짓고 반찬과 국을 차

3부 웅녀는 마늘을 먹지 않았다

려 먹는 일은 촌스러운 일이 되었다. 아침 햇살이 곱게 떨어지는 테라스가 있는 레스토랑에 앉아 빵과 고기, 채소가 적절히 조합을 이룬 브런치를 먹어야 대한민국의 중심 계급이라 할 수 있다. 저녁이면 고기를 굽든 생선을 먹든 하여야 만찬을 즐겼다고 자랑할 수 있다.

　줄어드는 1인당 쌀 소비량을 멈추게 하거나 끌어올릴 수 있는 방법이 수시로 제안된다. 그러나, '쌀밥 더 먹기 운동' 30여 년의 역사에서 성공적이었던 방안은 단 한 건도 없었다. 앞으로도 없을 것이다. 쌀밥보다 맛있으며 가격도 적절하다고 판단되는 먹을거리들이 한국인의 입맛을 지속적으로 유혹할 것이기 때문이다. 이를 두고 큰일이나 난 듯이 호들갑을 떨 일은 아니다. 적어도 굶주림이 없다는 것만으로 이 한반도 남쪽의 사람들은 행복하다. 한반도 북쪽의 사람들은 아직도 '이밥에 고깃국'이 유토피아이다.

벼농사는 농민이 여든여덟 번 논을
밟아야 한다는 말이 있다. 고된
일이라는 뜻이다. 요즘은 그렇지
않다. 기계화되어 벼농사가 가장
쉽다고들 한다. 그럼에도 농민의
속은 늘 까맣게 탄다. 돈이 별로
되지 않기 때문이다.

조선 왕이
먹었던 음식,

일본 왕족이
먹었던 음식

TV 드라마 '대장금'이 아시아 방송계를 강타할 때였다. 한국
학중앙연구원 주영하 교수가 일본의 한 인류학자로부터 항
의를 받았다. 한국에서는 역사 드라마를 제작할 때에 전공학
자의 고증 작업을 거치지 않느냐는 것이었다. 어떻게 왕의 음
식을 여자가 할 수 있느냐고 항의하였고, 이건 한국사의 왜
곡을 넘어 유교 문화권에 드는 아시아 역사 전체를 왜곡하는
일일 수 있다고 하였다. 주 교수는 변명의 여지가 없어 이런

농담으로 위기를 넘겼다고 하였다. "한국에는 표현의 자유가 있습니다."

주 교수의 위트에 박장대소하였으나 가슴 한쪽이 매우 쓰렸고, 그도 그랬을 것이다. '대장금'이 유행할 때 한국에 표현의 자유가 어느 정도 보장되어 있었는지는 각자 판단할 일이고, 한국의 역사 드라마는 역사와 크게 관련 없이 '자유로운 영혼들'에 의해 판타지로 제작된다는 것은 확실하다. 전공자가 아니어도, 역사 자료를 아주 조금만 뒤져도, 여자가 왕의 음식을 하지 않았다는 사실을 알 수 있다. '대장금' 제작자들은 그 사실을 잘 알고도 스스럼없이 '표현의 자유'를 믿고 판타지를 만들었던 것으로 봐야 한다.

그러면 드라마를 판타지로 소비하면 될 일인데, 이를 역사적 사실로 믿는 이들이 꼭 있다. 특히 한국에는 많이 있다. "왕의 음식을, 남자와 여자 중에 누가 하였을까요?" 하고 물으면 열에 아홉은 "여자요" 하고 말한다. '교과서 역사'에서는 조선 왕이 어떻게 어떤 음식을 먹었는지에 대해 관심이 없으니 그런 것을 배운 적이 없을 것이고, 드라마가 제공하는 판타지로 역사를 인식하고 있는 것이다.

조선은 '남자의 나라'였다

조선 왕의 요리사는 남자였다는 증거 자료는 많다. 조선음식 연구자인 김상보 대전보건대 교수의 조사에 의하면 조선왕조 동안에 400명 내외의 남자 요리사가 궁중의 음식을 한 것으로 보인다. 이들 요리사는 숙수라 불리었으며 궁 밖에 살면서 출퇴근을 하였다. 숙수의 아들은 숙수가 되어야 하는, 일종의 궁궐 노비였다. 주방 인력 중에 몇몇 여자도 기록에 보이는데, 음식을 상에 차려 내거나 설거지 정도를 하였을 것으로 보고 있다.

조선 왕의 요리사가 남자라는 사실을 확인해주는 그림이 있다. 선묘조제재경수연도宣廟朝諸宰慶壽宴圖이다. 1605년의 일이다. 당시 조선 왕인 선조가 마련한 경로잔치를 그린 것인데, 왕이 참석하지는 않았으나 왕의 요리사들이 음식을 하였다. 모두 남자이다. 이 그림에 대한 자세한 풀이는 주영하 교수의 저서《그림 속의 음식, 음식 속의 역사》를 보길 바란다. 그림 속에 상을 차리는 여자가 나오는데, 여자는 그 정도의 일을 하였다.

조선은 유교 국가이다. 왕은 조선이라는 유교 집단의 제사장 노릇도 하였다. 궁에서는 하루가 멀다 하고 제사를 지내었다. 그 법도는 유교식으로 엄격하였다. 연회도 유교식으로 법도를 지켰고, 일상에서도 유교식의 예의범절을 따랐다. 남녀가 유별한 유교의 법도에 따르면, 조선에서 으뜸가는 제사장의 음식을 감히 여자가 할 수 없는 노릇이다. 일본인 학자가 드라마 '대장금'을 거북해한 까닭은 여기에 있다.

꼭 유교가 아니어도 왕의 요리사는 남자여야 했다. 유럽에서도 왕이나 귀족의 요리사는 남자였다. 여자가 해내기에는 힘들기 때문이다. 집에서 가족을 먹이는 음식을 하는 것과 집단으로 한꺼번에 많은 사람을 먹여야 하는 음식을 하는 것은 전혀 다른 일이다. 요즘에야 수도꼭지만 올리면 물이 쏟아지지만, 그때에는 물을 길어 날라야 했다. 여자가 하기 힘들다. 밸브만 돌리면 되는 가스도 없다. 장작을 패고 불을 붙여야 한다. 여자가 하기 힘들다. 솥이 스테인리스도 아니고 알루미늄도 아니다. 그 무거운 무쇠솥을 닦고 들어올리고 하여야 한다. 여자가 하기 힘들다. 고기도 정육점에서 부위별로 잘 손질한 것을 사 올 수 없다. 논밭일로 근육을 키웠을 늙은 소의 질긴 고기를 상온 상태로 가져왔을 것이다. 칼이라곤 그 무딘 무쇠 칼밖에 없었다. 발골과 정육의 작업이, 여자가 하기 정말 힘들다. 왕의 요리사는 남자가 할 수밖에 없다.

선조 때의 그림인
선묘조제재경수연도에
숙수들이 등장한다. 조선
왕의 요리사이고 남자이다.

선묘조제재경수연도▲

조선에 여왕을 상상할 수 없는 것과 같이

드라마 '대장금'이 방영될 때에 왕의 요리사가 여자인 것에 대해 의문을 가지거나 이를 지적하는 한국인은 거의 없었다. 역사 문제에 대해 그렇게 민감한 한국인이거늘, 이상한 일이지 않은가. 그 까닭은, 조선 궁중음식 전문가로 방송 등에 등장하는 이들이 모두 여자들이었기 때문이다. 드라마 '대장금' 이전에 이미 한국인은 "조선 왕의 요리사는 여자"라고 인식하고 있었다.

조선 왕의 요리사가 여자인 것으로 한국인이 착각하게 된 것은 1970년 조선왕조 궁중음식이 중요무형문화재 제38호로 지정되면서부터이다. 제1대 기능보유자가 한희순이었다. 여자였다. 이어 2대 황혜성으로 이어졌다. 물론 여자이다. 이 때문인지 보유자뿐만 아니라 방송 등에 등장하는 궁중음식 연구자들은 대부분이 여자이다.

이건 '여자 남자 편가르기'의 문제가 아니다. 조선의 왕은 남자이다. 유교 국가인 조선에서 여왕은 상상할 수 없다. 이와 마찬가지로, 조선 왕의 요리사는 남자였다는 사실은 명확히 하여야 한다. 물론 민주공화정 대한민국에서는 궁중음식을 여자가 연구할 수도 있고 또 조리하여 팔 수도 있을 것이나, 역사적 사실 자체를 혼돈하게 하여서는 안 된다. 특히,

경복궁에 소주방을 복원하면서 여자 요리사로 그 공간을 채우는 일 같은 것은! 정부의 전통문화 행사에 '대장금'을 앞세우는 일 같은 것은!

판타지 드라마 '대장금'이 역사적 사실인 것으로
소비될 수 있었던 이유는 조선 궁중음식 무형문화재
보유자가 여성이었기 때문이다. 1대가 한희순 씨이다.
상궁이라 불러 상궁복을 입고 있다.

조선 궁중음식 무형문화재 한희순 씨 사진▲

1970년 한희순 씨가 조선 궁중음식 무형문화재 보유자로 지정될 당시에 작성되었던 보고서에는 조선 궁중음식이라고 주장하는 음식이 기록되어 있다. 조리법마다 설탕을 예사로이 쓰고 있어 궁중음식은커녕 조선음식으로 보기에도 어색한 음식이 무수히 등장한다. 특히 송이전골의 경우 각 재료를 섞지 말라는 것과 날계란을 풀어 적셔 먹도록 하는 것으로 보아 스키야키 조리법이라고 보아야 한다. 일본음식을 조선 궁중음식으로 지정한 것이다.

일본 왕족의 음식을 문화재로 삼다?

더불어, 제1대 기능보유자 한희순에 대한 평가는 다시 하여야 한다. 여기서부터 조선 왕의 요리사에 대한 우리의 인식이 틀어졌기 때문이다.

한희순은 조선의 마지막 주방상궁이라며 중요무형문화재 조선왕조 궁중음식 기능보유자가 되었다. 그가 과연 주방상궁이었는지부터 의심이 든다. 한희순은 1889년에 태어났다. 13세에 궁중 나인이 되었다 하는데, 그러면 1902년이다. 1910년 경술국치로 궁내부가 해체되는데, 그때 한희순의 나이가 21세이다. '궁내부 해체'라는 말은 조선 궁중의 살림을 맡던 사람들이 쫓겨났다는 뜻이다. 상궁은 조선의 관직이다. 정5품으로, 궁에 들어가 30년은 넘게 근무하여야 여기에 오를 수 있다. 21세에 상궁이 되는 것은 불가능하며 경술년 이후 이 직책은 없어지니 상궁이 될 수가 없다.

경술년 이후 한희순은 이씨 왕가 사람들의 뒷바라지를 하였다. 궁내부 해체로 숙수들도 뿔뿔이 흩어졌으니 그가 왕가의 식솔들을 거두어 먹였던 것으로 보인다. 한희순이 음식 솜씨가 좋았건 어떻건 대물림의 숙수가 아니니 그의 음식을 두고 조선 왕의 음식으로 여기기에는 부족함이 많다. 음식은 차치하고, 한희순이 국가 지정의 중요무형문화재 조선왕조 궁중음식 기능보유자가 됨으로써 일어날 수 있는 역사 문제를 그때 간과하였다. 심각하게는, 일제의 식민 지배를 인정하는 꼴로 보일 수도 있다.

조선은, 아니 대한제국은, 아니 이씨 왕가는, 일제에 의해 망한 것이 아니다. 일본 왕가에 복속되었을 뿐이다.

"…전 한국 황제를 책봉하여 왕으로 하고 창덕궁 이왕昌德宮 李王이라 칭하니 후손들이 이 훌륭한 하사를 세습하여 그 제사를 받들게 하며, 황태자 및 장래 세습할 자를 왕세자로 하며, 태황제를 태왕으로 하여 덕수궁 이태왕德壽宮 李太王이라 칭하고, 각각 그 배필을 왕비, 태왕비 또는 왕세자비로 하여 모두 황족皇族의 예로써 대하여…"

'한국 황실의 지위에 관한 일본 천황의 조서'(1910년 8월 29일) 중의 일부이다. 이게 뭔 말이냐 하면, 이씨 왕가가 일본 왕족의 일원이 되었다는 뜻이다. 이왕이니 이태왕이니 하는 왕의 칭호도 사용하였다.

그러니, 한희순이 거두어 먹인 이들은 일본 왕족이 된 이씨 왕가의 사람들이며, 넓게 보면 한희순의 음식은 일본 왕족의 것으로 볼 수 있다. 한희순의 음식을 대한민국에서 국가 지정의 중요무형문화재로 삼는다는 것은 곧 대한민국은 경술년에 있었던 일본제국주의자의 결정을 따른다는 뜻으로 읽을 수도 있다. 망측한 일이다.

향토음식의

역사
조작
스토리텔링

조선은 농민의 나라이다. 백성은 농사를 지으며 살았다. 농민은 집에서 밥을 먹는다. 밖에서 먹어봤자 논밭의 둑이다. 여행할 때 여관이나 식당은 생각도 하지 못하였다. 사극에서 보는 주막은 큰 고개 입구나 큰 나루터에 드물게 있었다. 그 까닭은, 조선이 화폐경제를 발달시키지 못하였기 때문이다. 세금을 농수축산물 또는 쌀로 거두었으니 민간에서도 화폐를 쓸 일이 별로 없었다. 여행에 쌀과 솥을 지고 나섰다. 길 가다

밥 해먹고 또 길을 가고 하였다. 민가가 보이면 얻어먹기도 하였다. '전설의 고향'에 나오는 "지나가는 과객이온데…" 하는 장면은 실재하였던 조선의 풍습이었다.

그러니, 조선에는 향토음식 같은 것은 없었다. 물론 마을마다 산물이 다르니 먹는 것이 달랐을 것은 분명하나, 한 마을의 음식이 그 앞과 뒤와 옆의 마을과 어떻게 다른지 그 특징 등에 따라 분류할 수 있는 상황은 아니었다. 이름을 지어 불러주기 전에는 다만 하나의 먹을거리에 지나지 않는다.

진상은 없다. 공출일 뿐이다

조선에도 향토적 가치가 강조된 먹을거리가 물론 존재하였다. 흔히 진상품이라 불리는 것들이다. 진상進上은 '나아가 올린다'는 뜻이다. 그러니까 농수축산물 생산자가 그 물품을 기꺼이 왕에게 바친다는 의미가 담겨 있다. 기꺼이 바치니 그 물품의 질은 상당하였을 것이고, 따라서 진상품은 당시의 명품 향토음식이었다는 생각을 할 수도 있다.

그런데, 과연 백성이 자진해서 왕에게 물품을 올렸겠는가. 조금 다르게, 지금의 상황에 맞게 설명해보자. 만약 국가가 여러분에게 "내든 말든, 알아서들 세금을 내세요" 한다면 여러분은 기꺼이 자신에게 부여된 만큼의 세금을 국가에 '진상'하겠는가. 이 글을 읽는 독자 여러분은 양심적일 수가 있 겠으나 대체로 인간은 그렇지 못하다는 것을 여러분도 안다. 국가를 위해 일하겠다고 청문회에 나온 사람들조차 세금 문 제에 자유롭지 못한 것을 우리는 늘 보고 산다.

진상은 공출供出이고, 진상품은 공물貢物이다. 현물로 바 치는 세금이다. 조선의 왕은 각 지방에 관리를 파견하여 공물 을 거두어들였고, 그 거두어들임의 민망함을 진상이라는 말 로 포장하였던 것이다. 기왕이면 좋은 물건을 올리라 하였을 것으로 추측할 수는 있는데, 세금이란 성격을 생각하면 질 같 은 것은 그다지 중요하게 여기지 않았음도 짐작하고도 남는 다. '위'에는 늘 문자로 보고되니 수와 양을 중심으로 챙겨야 하지 않겠는가. 조선의 진상품이란 그 지역에서 '많이' 나는 물품 정도로 이해하는 것이 바르다.

돌아다니는 진상품의 목록을 보면, 당시 조선반도의 먹 을거리가 다 있다. 실제 조선의 공물 목록이 그러할 것이다. 세금이니 모든 생산품에서 조금씩 떼었기 때문일 것이다. 지 역 생산자들은 여기에 힘을 잔뜩 준다. 자신의 생산물에 '조 선 임금님 진상품'이라고 큼지막한 글자로 붙인다. 전국의 농 수축산물에 거의 다 붙어 있는 '진상'이라는 단어를 자신의 생산물에도 붙이고 마치 조선의 왕과 멀지 않은 관계나 되는 듯이 스스로 뿌듯해한다.

전국의 생산자 농어민 여러분과 관련 지자체 공무원 등의 여러분께 이 질문을 드리고 싶다. "여러분 중에 조선 왕족의 핏줄이 있나요. 왜 진상이라는 말을 자랑스러워하나요. 외려, 여러분의 생산물에 쓰여 있는 '진상'이라 단어가 조상님을 욕되게 하는 일은 아닐까요. 그때 가렴주구가 얼마나 심하였는지 역사 교과서에서 다들 배웠잖아요."

특산의 것이면 가렴주구는 더 심하였다. "귤꽃을 세어서 수확기에 그 수만큼 귤을 내놓으라 하였지요." 제주 가본 사람이면 다들 이 말은 들었을 것이다. 그래서 제주 사람들은 귤나무를 죄다 죽여버려 토종 귤나무가 별로 없다. 요즘 우리가 먹는 귤은 근래에 심은 나무의 것이다.

진상 스토리의 반역사성을 극적으로 보여주는 사례가 있다. 하동 녹차이다. 이 녹차가 언제부터인지 '왕의 녹차'라는 이름을 달고 있다. 하동 녹차는 그 수탈의 역사가 참 길다. 고려 때에 이규보는 이렇게 기록하였다.

"화개에서 차 따던 일을 논하면, 관에서 독려함에 장정과 노약자 구별이 없었네. 험준한 산중에서 간신히 따 모아 멀고 먼 서울로 등짐 져서 날랐네. 이는 백성의 고혈과 살점이니…."

우리 차가 대중화하지 못한 이유를 이 '가혹한 진상'에서 찾기도 한다. '왕의 녹차'라니, 역설을 즐기자는 뜻일까.

진상에 대해 풀자면 한도 끝도 없으나, 딱 하나만 더 짚고 넘어가자. 경기 이천과 여주의 진상미 신화이다. 임금님표니 대왕님표니 하고 민다. 이 지역의 쌀이 궁중에 들어간 것은 맞다. 그런데 그 쌀은 지금의 쌀과 다르다. 이 지역의 옛 품종 중에 자채벼라는 것이 있었다. 극조생종 찰벼이다. 전국에서 가장 일찍 거두는 쌀이었고, 그러니 유교의 제사장인 조선 왕은 이 쌀을 받아다 제사를 지내야 했다. 그 정도의 일이고, 지금의 여주와 이천 쌀은 자채벼와 아무 관련이 없다.

"많이 팔기만 하면 되는 거 아냐?" 할 수는 있으나

향토음식은 1980년대 '개발품'이다. 한국의 산업화와 도시화가 완료되어 가던 때이다. 고향의 논밭을 떠나 도시의 빌딩과 공장에서 일하는 것이 즐거운 일이 못 된다는 사실을 사람들이 차츰 알게 되었다. 현대적이고 서구적인 음식에 지겨워지자 향토음식에 관심을 두게 되었다. 각종 언론은 '맛따라 길따라'류의 프로그램과 기사를 내보내 향토음식 붐을 도왔다. 때맞춘 마이카 시대는 관광지와 대도시 인근 촌락을 향토음식 타운으로 조성케 하였다. 순식간의 일이었다. 향토음식 붐은 스토리텔링에 대한 욕구를 불러일으켰고, 그 욕구가 과하여 음식 역사의 조작으로까지 발전하고 있다. 몇몇 사례를 나열하겠다.

전남 영광 법성포 굴비. 고려시대 영광에 유배를 당한 이자겸이 왕에게 염장 조기를 진상하면서 "선물은 보내도 굴한 것은 아니다"라는 뜻으로 '굴비屈非'라 적어 보낸 것이 유래라고 '스토리'를 만들었다. 스토리이니 뭐 그럴 수도 있지 할 수도 있다. 그러나 이러면서 우리말의 아름다움을 돌아보게 하는 기회를 버렸다. 굴비란 '등이 굽은 조기'란 뜻이다. 조기를 짚으로 엮어 매달면 구부러지게 되는데 그 모양새를 따서 구비仇非조기라고 하였다. 구비仇非는 우리말의 산굽이, 강굽이처럼 구부러져 있는 모양새를 일컫는 '굽이'를 한자어로 표기한 것이다. 이 구비가 굴비로 변한 것이다.

경남 의령 망개떡. "가야시대에 백제와 적대관계를 해소하고자 서로 혼인을 맺었는데 신부 측인 가야에서 이바지 음식 중에 하나로 백제로 보냈다는 최초의 설과 임진왜란 당시 의병들이 망개잎으로 떡을 싸서 보관, 산속으로 피해 다닐 때 전시식으로 먹었던 것으로 전래되고 있다." 의령에 가면 망개떡탑이 있다. 그 아래에 이런 말이 쓰여 있다. 근거 같은 것은 없다. 누군가 '썰'을 푼 것이다.

일본에 망개떡과 똑같은 떡이 있다. 카시와모찌かしわもち・柏餠이다. 카시와는 떡갈나무이고, 카시와모찌란 떡갈잎으로 싼 떡이라는 뜻이다. 일본은 5월 5일 단오를 양력으로

쇠고 또 이날이 어린이날과 겹치는데, 이때 먹는 절기 음식이다. 일본의 일부 지방에는 떡갈나무가 없어 그 대용품으로 망개잎을 쓴다. 이 망개잎으로 싼 떡도 카시와모찌라 한다. 일제강점기에 이 카시와모찌가 우리 땅에 이식되었고, 그 흔적은 한반도 여기저기에 존재하였다. 의령시장에 망개떡집이 있었고 그 떡집이 어느 때에 유명해지면서 향토음식 대접을 받고 있을 뿐이다.

강원 강릉 초당두부. 허균의 부친 허엽이 한때 이 마을에 살았다는데, 그의 호가 초당이다. 이 이야기를 바탕으로 초당 두부 탄생 '썰'이 만들어졌다. 허엽이 이 마을에서 처음 바닷물로 두부를 만들었고(심지어 두부를 팔아 큰돈을 벌었다는 '썰'도 있다), 그 전통이 지금도 이어지고 있다는 것이다. 조선의 사대부가 두부를 만드는 '잡일'을 하였을 것이라는 발상 자체가 무리이다.

초당동은 논밭이 넓지 않다. 넉넉한 동네가 아니었다. 이런 마을에서는 인력으로 부가가치를 올리는 일을 업으로 삼는 게 일반적이다. 외지에서 콩을 사와 두부를 만들어 내다 파는 일을 한 것이다. 1951년도의 기억을 가지고 있는 초당동 토박이에 의하면 그때는 두어 집이 두부를 쑤었다고 한다. 한국전쟁 후 두부집이 급격히 늘었는데 1954년에 집집이 두부를 만들어 팔았다. 전쟁통에 남자를 잃은 집안의 여자들이 호구지책으로 두부 쑤는 일에 나선 것이다. 초당 두부의 명성 (?)은 그때 생긴 것이다. 한국전쟁으로 탄생한 '눈물의 두부' 라 하면 그 맛이 달아난다 생각하는가.

예를 들자면 끝이 없다. 향토음식의 유래와 역사는 대부분 이런 식으로 조작되어 있다. 향토음식을 넘어 한국음식 스토리텔링도 이와 크게 다르지 않다. 사실, 이런 일이 한국에서만 일어난 것은 아니다. 자본주의가 번창하면서 세계 곳곳에서 음식에 조작된 전통을 갖다붙이고 있다. 그래야 소비자의 주머니를 열 수 있다고 여기는 것이다. 한국에서는 조금 다른 것이, 그 조작의 주체로 중앙 또는 지방의 정부가 등장하고 있다는 점이다. 정부의 용역을 받고 스토리를 만드는 이들 역시 공공의 역할을 할 것으로 보이는 집단의 사람들이라는 것도 문제이다. "어떻게든 많이 팔리기만 하면 되는 것 아냐?" 하는 천민자본주의가 공공의 영역에까지 깊숙이 들어와 있다는 사실이, 슬프다.

굴비는 등이 굽었다고
굴비이다. 영광에 세워진 굴비
기념물의 굴비는 등이 펴져
있어 굴비라고 볼 수가 없다.
요즘 굴비는 등이 안 굽어
있으니 괜찮다고 하면 할 말이
없지만.

차례와
제사 상차림의

예법

밥, 국, 시루떡, 송편, 유과, 대추, 밤, 배, 사과, 곶감(또는 감),
부침개 3종(육전, 어전, 채전), 나물 3종 또는 6종, 어포, 생선,
산적 등. 한민족의 명절이나 제사의 상차림은 여기에서 크
게 벗어나지 않는다. 더 구체적으로는 육전은 소고기나 돼지
고기, 어전은 명태나 대구, 채전은 배추나 녹두를 쓰고, 나물
은 시금치, 고사리, 도라지, 콩나물, 취나물, 무 등을 쓰며, 어
포는 북어, 생선은 조기, 산적은 고기(요즘은 햄), 쪽파나 대파,

3부 웅녀는 마늘을 먹지 않았다

당근, 버섯 등을 쓴다. 제사나 차례의 상에 반드시 이런저런 음식으로 차려야 한다는 법도는 언제부터 있었던 것일까. 공자 이래로, 적어도 주자 이래로 그랬을까? 아니다. 유교식 법도의 모본인 《주자가례》를 봐도 과일, 소채, 포 등으로 대분류만 해놓았지 그 구체적 품목은 없다. 대추 놔라, 밤 놔라 하지 않았다는 말이다.

그러면 조선에서 누군가 저 상차림을 만든 것은 아닐까 싶지만, 조선에서도 그런 법도 따위는 없다. 과일, 나물, 포, 적 따위의 대분류만 있지 구체적으로 사과 올려라, 배 올려라 하지 않았다. 그러면, 현재 대한민국 사람들이 똑같이 차리는 저 차례나 제사 음식은 어디에서 온 것일까. 길어봐야 가정의례준칙 같은 게 나온 일제강점기이고, 짧게는 한국전쟁 이후 가정생활백과, 가례집 등이 보급되면서부터의 일이다. 명절만 되면 상 차리기 그림을 그려 실은 신문도 저 상차림의 보급에 혁혁한 공을 세웠다.

우리는 우리 조상들의 신분과 계급에 대해 솔직해질 필요가 있다. 조상에게 제물을 바치고 예를 올리는 계급은 유교 질서를 굳건히 지켜야 하는 양반들이 하는 일이었다. 그 아래 아래의 계급인 '상것들'은 그럴 필요가 없었다. 성씨도 없는데 예를 올릴 조상이 어디에 있겠는가. 조선 초기 양반은 인구의 5~10%였다. 조선 중기에 들면서 양반이 급속히 늘어나는데 군역을 피하기 위해 족보를 산 '상것들'이 늘어나면서 생긴 일이다. 구한말 신분제도가 사라지면서 양반이라 주장하지 않는 사람이 없게 되었다. 다들 양반이 되었으니 유교의 법도에 따라 시시때때로 조상에게 예를 올려야 했다. 그러나 어떻게 제사상, 차례상을 차려야 하는지 몰랐다. 가장 좋은 방법이 남의 집 상차림을 쫓아서 하는 것이었다. 이를 '가가례'라 한다. '국민 계도' 차원에서 이 집안 저 집안의 가가례가 가례집, 생활백과, 신문 등에 올랐다. 그러면서 제물이 구체화되었다. 예를 들어, 과일이면 되었던 것이 대추, 밤, 사과, 배 식으로 그림이 그려졌다. 조율이시니, 홍동백서니, 생동숙서니 하는 말도 이때 만들어진 것이다.

대한민국에 유교적 신분과 계급은 더 이상 존재하지 않는다. 스스로 양반이라 하여도 덕볼 것은 없다. 아직도 양반 상것 가리겠다 하면 오히려 손가락질을 받을 것이다. 그러나 명절이나 제사에 음식을 차리는 일을 두고 '양반 놀이'라며 무조건 그만두자고 할 것은 아니다. 산업화로 온 가족이 흩어져 살 수밖에 없는 이 대한민국에서 명절이나 제사에 다 같이 모여 음식을 먹는다는 것만으로도 큰 의미가 있는 일이다. 그럴 것이면, 기왕이면, 맛있는 음식을 차리는 것이 어떨까 싶은 것이다.

조선 후기의 유학자 유장원이 쓴《상변통고》라는 책이

있다. 유교식 예법을 정리해놓은 책이다. 그 책에 이런 구절이 나온다.

《후한서》: 안제安帝가 조칙을 내리기를, "무릇 천신하는 새 음식이 제 절기에 맞지 않은 것이 많아서, 혹은 덮어 키워 억지로 익히고, 혹은 땅을 파서 싹을 틔우기도 하여 맛이 제대로 나기도 전에 자라나는 것을 꺾어내니, 어찌 철에 순응하여 사물을 육성하는 도리이겠는가? 지금부터 제사를 받듦에는 모름지기 철에 맞추어 올려라"고 했다.'

안제는 후한의 황제였으니 2,000년 전의 일이다. 조선의 유학자 유장원도 안제의 말을 따르라고 이 말을 그의 책에 써놓았다. 나도 그 말을 받아서 쓴다. "차례나 제사상에 제철의 맛있는 음식을 올리자." 개화한 대한민국 국민이 조선의 양반보다, 아니 2,000년 전 중국인보다 융통성이 없다니 황당하지 않은가.

전통대로 하자면, 차례와 제사상은 남자가 차려야 한다

2000년대 들어서 나는 차례와 제사의 상차림 문제를 꾸준히 제기하였었다. 제철을 잃은 음식으로 상이 차려지는 것에 대한 안타까움이 컸다. 그러나 내 목소리는 대중에게 전달되지 못하였다. 해마다 설과 추석에는 신문과 방송에서 고착화한 상차림을 내보냈다. 좀 더 강력한 메시지가 필요하였다. 그렇게 하여 던진 말이 "전통대로 하자면, 명절의 차례와 제사상은 남자가 차려야 한다"는 것이었다. 2014년 8월 27일자 오마이뉴스 인터뷰이다. 일부를 아래에 옮긴다.

"조상을 기리는 방법은 얼마든지 다양하게 할 수 있죠, 불교면 불교식, 이슬람교면 이슬람식, 가톨릭 신자들은 미사 드리면 되는 거고. 각자 돌아가신 분들이 좋아할 만한 음식 차려놓고 알아서 하면 됩니다. 그게 정말 제대로 된 전통이에요."

황 씨는 한국인들이 추석을 상당히 오해한다고 설명했다. '홍동백서·어동육서·좌포우혜·조율이시'로 대표되는 요즘의 다섯 줄짜리 거대한 추석 차례상 역시 유교 전통과는 맞지 않다고 지적했다. 그는 "전통이라 주장할 근거가 희박한 음식으로 상을 차리면서, 그것도 맛 없는 것만 골라 올리는 현실을 다 같이 다시 생각해 볼 필요가 있다"고도 했다.

오늘날 한국 가정에서 차리는 추석 차례상은 대체로 비슷하다. 맨 뒷줄에는 밥과 국, 떡, 송편이 놓인다. 맨 앞줄에는 유과·대추·밤·배·사과·곶감(또는 감) 등이 올라간다. 이 사이에 3종류의 부침개와 나물·탕·식혜·어포·생선·산적 등을 추가하면 한 상이 차려진다.

다양한 식재료를 쓰다보니 금전 부담도 크다. 정부에서 견적을 낸 차례상은 매년 20만 원 안팎이지만 친지들이 모여 먹는 밥상까지 감안하면 실제 예산은 그 2~3배를 넘는다. 황씨는 "다 같이 모여서 조상을 기억하며 제철 음식을 먹는다는 게 추석 차례상 취지인데 지금의 차례상은 그 취지에 전혀 맞지 않다"고 비판했다.

올해 추석상은 전통시장에서 하면 19만 3384원, 대형유통업체를 이용하면 27만 4753원 정도라고 한다.

"20만 원은 무슨. 우리집만 해도 차례상 한 번 차리고 친지들 식사 한 번 하려면 40만 원은 우습게 넘어간다. 유교 전통에 따르면 차례상이 이렇게 화려하고 비쌀 이유가 없는데 취지에 안 맞는 식재료들이 껴 있어서 비싼 거다."

어떤 품목들이 그런가.

"추석 차례상은 제철 음식을 조상신에게 올리는 거다. 그런데 막상 상차림을 보면 제철 음식이 거의 없다. 시금치는 겨울 채소라 추석 즈음에 나오는 건 맛이 맹탕이다. 곶감은 1월이나 되어야 나오고 대추, 밤도 11월 이후에나 나오니 차례상에 올라간 것은 작년 것이다. 고사리 역시 봄에 따서 말려둔 것을 쓴다. 여름까지 넘겼으니 향이 적을 수밖에 없고 도라지나 배추 역시 지금은 물맛이다. 7월~9월 조기는 살이 무르고 맛도 엉성하다. 진짜 맛없는 것들만 올려놓고 먹는 셈이다."

그래도 전통 상차림 아닌가.

"그렇지가 않다. 차례상은 유교의 제사 예법에 따라 올리는 것인데, 제사 기본원칙을 정해놓은 《주자가례》를 보면 포·과·채 이런 식으로만 쓰여 있다. 구체적으로 사과·배·감 이렇게 안 쓰여 있다. 그냥과일을 올리면 되는거다. 차례상에 꼭 올라가는 사과, 배 같은 과일들은 전통과는 전혀 관계가 없고, 추석과는 절기도 맞지 않는 과일들이다."

사과·배는 추석 전에 햇과일이 출하되는 대표적인 품목이다.

"추석 전에 출하되는 것들은 생장촉진제를 써서 인위적으로 빨리 키운 것들이다. 맛과 질이 떨어진다. 배가 특히 심한데 한국에서 주로 키우는 신고배는 추석 지나고 한 달쯤 있어야 익는다. 여러모로 제철 음식과는 거리가 멀다. 추석 '대목' 때문에 산업 구조 자체가 일그러진 셈이다."

제철과일이란 어떤 걸 말하는 건가.

"올해 같은 경우는 노지수박, 포도, 복숭아 같은 과일들이 제철이다. 요즘 백도가 정말 맛있게 익을 때 아닌가. 민간에서는 복숭아가 귀신을 쫓는다고 해서 금기 의식이 있는데 그건 유교의 금기가 아니라 민간의 금기다. 진짜 조상을 기리는 의도라면 돌아가시는 분이 좋아하던 음식을 올리는 게 가장 중요하다고 본다."

3부 웅녀는 마늘을 먹지 않았다

그렇다면 유교의 전통적인 추석 차례상은 어떻게 구성되나.

"추석 차례상에는 제철에 나는 음식 몇 가지 올리면 족하다. 사과·배 안 올려도 된다. 중요한 건 형식이 아니라 조상을 기억하려는 마음이다. 차례상 구성에 집착하기보다는 우리가 추석 명절을 왜 지내는지 그 취지를 다시 한 번 생각해볼 필요가 있다. 전통 좋아하는 남자들 추석 제대로 하려면 여자들한테 명절 음식 시키면 안 된다."

여자들에게 음식을 시키면 안 된다니?

"조선시대 때 제사음식은 다 남자가 만들었다. 대신 차례에 여자들은 빠졌다. 그런데 지금은 명절 고생은 여자들이 다 하고 남자들은 차례상 앞에서 생색만 내지 않나. 이것도 근본을 찾아볼 수 없는 이상한 풍경이다."

왜 전 국민이 추석 때마다 동일한 차례상을 차리고 있다고 생각하나.

"역사적으로 우리는 근대 시민의식을 가졌던 적이 없다. 각 개개인이 삶의 주체가 되어야 하는데 그런 경험이 없는 거다. 항상 집단이 요구하는 삶에 맞춰서 살아왔고 그게 익숙하다. 남이 하는 것을 쫓아가는 삶. 그게 음식문화 안에도 그대로 드러나고 있다고 생각한다."

추석에 차례 안 지내고 해외여행 나가는 사람들도 많다.

"사실 경제적 여유가 있는 사람 중 다수가 요즘 명절 차례 안 지내고 다 같이 외국 놀러나간다. 원래 풍습이나 문화라는 게 위에서부터 바뀌고 밑으로 서서히 내려간다. 추석·설 차례상에 대한 강박도 서민층에서 가장 강력하게 작동하고 있다. 못사는 사람들일수록 이날만은 한 상 차려야 한다는 부담을 가지고 있는 거다."

정부도 그런 사람들을 위해 매년 추석상 지침을 발표한다.

"굉장히 문제가 있다고 본다. 지금은 유교 사회도 아니고 한국은 국교가 없는 나라다. 유교국가가 아니면 유교식 버려도 된다. 그럼에도 정부가 해마다 그 해의 추석상 견적을 공식 보도자료로 내놓는 것은 암묵적으로 '이렇게 상을 차리세요', '이렇게 안 차리면 대한민국 사람이 아닌 거예요'라는 느낌을 줄 수 있다."

명절에는 놀아야 한다

위의 인터뷰 기사가 나가고 반응이 뜨거웠다. 그해 명절에 가족끼리 모인 자리에서 이 기사를 프린트하여 남자들에게 돌렸다는 여자들도 있었다. 남자가 명절 차례 음식을 해야 한다는 말에 한국 남자들은 흠칫하였을 것이다. 그렇다고 명절에 남자들이 나서 차례 음식을 준비할 것이라는 기대를 한 것은 아니었다. 그다음에, 근본적으로 명절 문화에 변화를 일으킬 내용이 필요하였다. 명절의 의미를 되찾는 인터뷰를 하였다. 2016년 9월 13일 노컷뉴스 인터뷰 기사이다. 일부를 옮긴다.

추석을 앞두고 어김없이 차례상 물가 관련 소식이 쏟아지고 있다. 특히나 올해 추석은 장바구니 물가가 폭등한 탓에 가계 부담이 그 어느 때보다 클 것이라는 우려가 나온다. 맛 칼럼니스트 황교익 씨는 이와 관련해 12일 CBS노컷뉴스에 "왜 정부에서 명절 물가 자료를 내놓는지부터 의심해봐야 한다"고 전했다.

"국가가 나서서 차례상을 세팅하는 것처럼 보인다는 거죠. 우리는 유교국가가 아닙니다. 그런데 유교 예법인 차례를 국가가 국민들에게 '이렇게 차려라' 하고 간접적으로 지시하는 것처럼 보일 수 있어요. 크리스마스에 케이크 가격이 어떻다고 물가 자료를 안 내놓잖아요. 석가탄신일에 사찰의 시주 금액이 얼마인지도 내놓지 않고요. 그와 마찬가지로 차례상의 물가 자료를 내놓는 일도 하지 말아야 합니다."

결국 "민주공화정인 대한민국에서 국가가 차례상 음식까지 지정해 물가를 내놓는 일은 맞지 않다"는 것이다.

"국가에서 그렇게 하니까 국민들 입장에서는 차례상을 꼭 그렇게 차려야만 하는 것으로 여기게 되는 거죠. 유교의 예법대로 말입니다. 그런데 정작 유교 예법에는 어떤 음식을 올리라고 지정한 적이 없어요. 유교의 성경 격인 '주자가례'를 봐도 밤, 배, 조기, 시금치, 고사리 식으로 지정한 바가 없습니다. 포, 채, 과 이런 식으로 뭉뚱그려 놨을 뿐이죠. 유교는 자연 질서에 순응하는 삶을 살아야 한다고 끊임없이 가르칩니다. 그 계절에 가장 많이 나오는 것을 차례상에 올리는 게 유교 예법이라 할 수 있죠."

현실과 동떨어진, 국가 주도로 규격화된 차례상 차림 탓에 가계 부담 또한 커지는 만큼, 그는 궁극적으로 추석에 반드시 차례를 지내야 한다는 생각부터 의심해볼 필요가 있다고 강조했다.

"차례 안 지내면 됩니다. 본래 추석은 노는 날이에요. 서양의 추수감사절 의미는 없어요. 해방 이후 영화, TV 등의 매체를 통해 서양의 추수감사절 풍습이 알려졌고, 이를 우리 추석과 연결시킨 건데, 사실 추석은 추수감사절과 절기가 맞지 않아요. 조선 한민족의 삶을 상상해 봅시다. 밤은 죽음, 귀신, 도깨비 등을 떠올리게 만드는 두려움의 시간이었어요. 그런데 추석은 큰 달이 뜨는 날이에요. 한반도의 가을 하늘은 굉장히 맑잖아요. 그 맑은 하늘 밤에 휘영청 보름달이 뜨면 한밤중에도 대낮 같아요. 그렇게 추석의 밤은 죽음의 시간이 아닌 인간의 시간으로 받아들여지는 거죠. 그날에는 여성도 해방됐어요. 바깥으로 나가 밤길을 돌아다녀도 되는 날인 겁니다."

"추석을 그러한 축제의 의미로 만들어야지, 조상께 예를 갖추는 날로 제한하는 것은 우리 풍습을 제대로 해석하지 못하는 것"이라는 게 황 씨의 지론이다.

"먼저 정부에서 추석 물가부터 내놓지 말아야 합니다. 우리나라는 유교국가가 아니잖아요. 왜 정부에서 유교 예법을 간접적으로 강요하는 행위를 합니까. 국민을 통치하는 수단으로 이해할 수도 있어요. 우리네 정치 권력자들은 국민들이 순응하도록 만들려는 경향이 강해요. 광화문 광장 한복판에도 이순신 장군, 세종대왕처럼 유교질서에 충실했던 이들이 자리잡고 있잖아요. 개인적으로는 대한민국이 민주공화국인 만큼 4·19기념탑을 세우는 게 더 어울린다고 봐요. 이런 식으로 알게 모르게 유교의 전통인 충, 효를 강조하는 데는 순응하는 국민을 만들려는 의도가 있다고 봅니다. 제가 '정부에서 물가 자료 내놓으면 안 된다'고 강하게 말하는 이유도 여기에 있어요."

그는 "무엇보다 추석을 '축제'로 여겨야 한다"고 역설했다.

"대한민국은 민주공화국입니다. 그런데 축제가 없어요. 스페인 토마토 축제 등 서양의 유명한 축제들이 오랜 전통에 의해 만들어진 게 아니에요. 산업 국가로 운영되면서 노동자들이 한바탕 신나게 열정을 드러낼 수 있도록 하는 방법으로 축제가 기획된 거죠. 지금 우리 시대 노동자들이 한바탕 신나게 놀 수 있는 날이 있는지 생각해보면, 없습니다. 국가는 추석 물가를 내놓을 게 아니라, '어떻게 하면 사람들이 한바탕 놀 수 있을까'라는 궁리를 해야죠. 언제까지 집마다 차례상 음식 마련에 전전긍긍하도록, 여성들을 부엌에 가두는 일을 해야 하는 것인지 생각해봐야만 합니다."

이후에 설과 추석이면 위의 두 인터뷰 기사가 반복적으로 화제가 된다. 그 덕인지 명절 문화가 많이 바뀌고 있음을 느끼고 있다. 당장에 우리 집안에서부터 차례와 제사를 없앴다. 유교의 예법을 버린다고 조상을 기리는 마음까지 버려지는 것이 아니다. 다른 식으로 예를 올린다. 무엇보다 명절에는 놀아야 한다는 생각이 크게 번지고 있다. 대한민국이 급작스럽게 노동자의 나라로 변하면서 노동자가 신나게 노는 기회를 마련하지 못하였다. 노동자들이 한바탕 크게 놀 수 있게, 정부에서도 궁리를 해야 한다. 대한민국은 노동자의 나라이다.

명절은 원래 노는 날이다. 그러나 한국인에게 명절은 싸우는 날이다. 저 많은 음식을 준비해야 하기 때문이다. 적어도 이틀 이상은 걸리는 일이다. 성씨가 다른 며느리가 이 일을 맡아 하니 더욱더 그렇다.

3부 웅녀는 마늘을 먹지 않았다

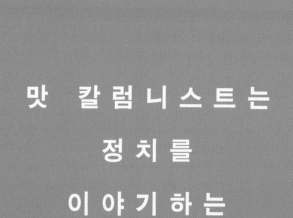

맛 칼럼니스트는

정치를

이야기하는

사람이다

국가 권력이
앗아간

밥그릇의
아름다움

이 글을 읽기 전에 할 일이 있습니다. 자를 준비합니다. 그리고 부엌으로 가세요. 밥그릇을 꺼내놓고 그 자로 그릇의 안 지름과 높이를 재어보세요. 대체로 지름은 105mm, 높이는 60mm일 것입니다. 한국 도자기회사에서 제조한 홈 세트 식기의 밥그릇이나 업소용 밥그릇은 그 치수가 딱 맞아떨어질 것입니다. 아, 일본에서 사 온 밥그릇은 제외입니다. 자, 이제 자리로 돌아와 이 글을 마저 읽읍시다. 이번 이야기는 한국인의 밥그릇에 관한 고찰입니다.

아주 컸던 밥그릇

한민족은 옛날에 밥을 많이 먹었다. 여기서 밥이란 모든 음식의 통칭으로서의 밥이 아니라 쌀 또는 쌀과 잡곡으로 지은 밥을 말한다. 한 번에 먹는 밥이 얼마나 많았는지 조선을 두고 대식국大食國이라 하였다는 말도 있다. 유럽인이 구한말 주막의 밥상을 찍은 사진이 있는데, 장정 다섯은 먹을 밥이 담긴 밥그릇이 놓여 있다. 우리 조상이 이렇게 밥을 많이 먹었던 것은 에너지원이 밥 외에는 딱히 없었기 때문이다. 지금처럼 소 돼지 닭, 그리고 바다의 고기가 충분하지 않아 밥으로라도 배를 채워야 일을 할 수 있었다.

　내가 아주 어릴 때의 기억으로는(나는 1962년생이다.) 밥그릇이 제법 크기는 하였으나 구한말 사진에서의 밥그릇보다는 작았다. 그럼에도 지금 밥그릇으로 보자면 밥이 두 배는 넘게 담길 수 있는 그릇이었다. '고봉'으로 올리면 물론 서너 배는 담길 것이다. 조선스런 분위기를 연출하는 외식업소에서 가끔 골동품의 이 밥그릇을 보는데, 멀게는 일제강점기 가까이는 1960년대의 밥그릇이다. 대체로 한국인은 이들 밥그릇을 전통적인 것으로 여긴다. 백자이고 단순하게는 푸른

색의 선이 둘러져 있으며 좀 복잡하게는 壽수나 福복자가 새겨 있다. 이런 그릇을 사발沙鉢이라 한다. 사기沙器의 발鉢이란 뜻이다. 발이란 위는 넓고 아래는 좁으며 굽이 있는 그릇을 말한다. 놋쇠로 만들면 주발周鉢이다. 조선에 주발이 흔하였는지 어떤지는 알 수 없으나, 어떻든 일제가 전쟁 물자로 놋쇠를 공출하는 바람에 골동 주발은 보기가 어렵다.

아름다웠던 사발

사발은 밥그릇용으로만 제작된 것은 아니다. 크기와 모양은 실로 다양하고 용도도 다양하다. 넙데데하게 빚어 국그릇으로 쓰면 국사발이고 지름을 줄이고 운두를 높여 밥을 담으면 밥사발이다. 좀 더 작게 만들어 약사발, 술사발, 찻사발로도 쓸 수 있다. 찬을 담는 종지도 사발이다. 작은 사발이다. 사발은 어떤 음식물이든 담고 또 이를 먹기에 편한 형태를 하고 있어 일상에서 폭넓게 이용되었다. 특히, 알곡이 낱낱으로 떨어져 있는 곡물 음식이나 국물이 있는 음식에는 이 사발이 안성맞춤이다. 주식이 밥이고 국물 음식을 늘 먹은 한민족에게는 더없이!

사발이라 하니 막사발 이야기를 하지 않을 수 없다. 일본인들이 최고의 예술품으로 여기는 조선 막사발! 심지어 일본 국보로 삼고 있는 조선 막사발까지 있다. 일본이 임진왜란을 일으킨 목적은 이 사발을 얻기 위한 것이라는 주장도 있다. 조선의 이 사발을 두고 우리가 굳이 막사발이라 부르는 것에는 다소 복잡한 민족적 감정이 묻어 있다. 우리에게는 밥그릇, 심지어는 개밥그릇 정도로 여기며 막 쓰는 그릇을 그네들은 국보로 삼고 있을 정도로 한민족의 도자기 문화는 우수하다는 민족적 자부심을 심어보려는 의도가 없지 않다. 그래서 막사발이라 부르지 말자는 견해도 있으며, 여기에 나는 동의한다. 조선 사발의 아름다움에 대해서 일본인이든 한국인이든 이의가 없음에도 나는 동의한다. 내게 이같이 아름다운 조선 사발이 주어지면 그 안에다 무엇을 담아 먹을 것인지 몇 날 며칠을 고민할 것이다. 그들은 차를 담았지만 나는 생각이 다르다. 밥을 담을 수도 있고 술을 담을 수도 있다. 그래도 되는 게, 애초 이 사발은 어떤 용도로 제조되었는지 아무도 알지 못한다. 그릇은 쓰기 나름이다.

조선 사발만 아름다운 것이 아니다. 고려의 청자사발은 그 섬세함과 화려함으로 극상의 아름다움을 보여준다. 영롱한 비취색의 사발에다 대체 어떤 음식을 담을 수 있을지 꿈에서도 잘 꾸어지지 않는다. 조선의 순수이든 고려의 화려이든 한민족은 참으로 아름다운 사발을 가지고 있었던 것은 분명하다. 그런데 말이다, 지금 대한민국의 밥그릇은 왜 대체이 모양인가. 조선 막사발을 두고 개밥그릇으로나 썼다 한들, 청자사발에 고려인의 하늘이 담겨 있다 한들, 대한민국 국민은 그런 사발과는 아무 관련 없는 밥그릇을 밥상에 올리고 있다. 가정에서는, 가장 흔하게는, 글로벌 식기 제조업체의 그 계통을 도저히 알 수 없는, 주둥이는 뜬금없이 되바라지고 굽도 없는 밥그릇을 쓰며, 식당에서는 '스텡 공기'가 대부분이다. 밥이 담기니 밥그릇인가 할 뿐이다.

근대화 초기의 사발이다. '스텡 공기' 직전에 이 사발을 밥그릇으로 썼다. 아주 멋져 보인다고는 볼 수 없으나 나름의 기품은 있다. 한국의 밥그릇은 '스텡 공기' 때문에 퇴화하였다.

지름 105mm에 높이 60mm의 밥그릇

박물관의 사발은 작품성 있는 것만 모아두어 대체로 아름답다. 서울 황학동 난장 등에 깔린 민간의 사발도 그다지 모양새가 빠지는 것은 아니다. 조선의 그림이나 구한말의 사진에서 보이는 사발은 다소 크기는 하나 도자기로서의 품격은 지니고 있다. 입에서부터 어깨, 가슴, 배, 허리로 내려오는 몸통의 선에다, 굽이 그 선을 어떻게 적절하게 받쳐주는가에 따라 사발의 품격은 달라진다. 몸통의 선이 직선이고 짧으면 산뜻하고, 그 선이 다소 길고 부드러우면 온화하다. 굽은, 높으면 당당하고 낮으면 친근하다. 여기에 무늬며 색깔에 따라 사발의 격은 또 달라진다. 따지고 감상할 요소가 그 작은 몸 곳곳에 숨어 있다. 요즘의 밥그릇은, 따지고 감상할 것이 없다. 사발의 전통을 완전히 버린 탓이다.

지름 105mm에 높이 60mm. 한국 밥그릇의 '표준 규격'이다. 이 규격의 밥그릇은 똑같이 넙데데하고 뚱뚱하다. 주어진 수치를 유지하며 그릇 모양에 변화를 준다는 것은 거의 불가능하다. 높이 60mm가 결정적 장애이다. 이 낮은 키로는 입에서부터 허리까지의 유려한 라인을 만들 수가 없다. 입의 지름을 105mm로 두고 허리까지의 라인을 날렵하게 뽑아내면 그 안에 담기는 양이 너무 적어 술사발로나 쓰지 밥

사발로는 적당하지 않게 된다. 60mm 높이의 그릇에 한 사람이 충분히 먹을 수 있는 밥을 담으려면 위에서부터 바닥까지 105mm의 지름을 유지할 수밖에 없고, 그러니 밥그릇의 모양은 넙데데 뚱뚱하게 되는 것이다.

지름 105mm에 높이 60mm의 밥그릇 규격은 박정희 유신 정부의 작품이다. 쌀이 부족하던 1970년대 절미운동을 벌이면서 강제한 밥그릇이다. 밥을 적게 먹자고 말로 계도하는 것에 한계가 있으니 아예 밥그릇을 작게 만들고, 이 밥그릇에 밥을 담아 팔지 않으면 행정 조처를 취하였다. 1976년 6월 29일 서울시가 요식협회에 통보한 바에 의하면, 이 규격의 밥그릇을 사용하지 않을 경우 1차 위반은 1개월 영업 정지, 2차 위반은 허가 취소였다. 이 밥그릇을 '공기'라 하였는데, 1970년대 초부터 행정 지도가 있었으며 1980년대 초까지 정부는 강력한 의지를 가지고 이 공기의 보급을 밀어붙였다.

1970년대는 한국 철강산업이 소비재 시장에 진입할 때이다. 스테인리스 스틸 조리기구며 식기 등이 시장에 깔리고 있었다. 그때의 정부이면 철강업체를 불러다 이 엉뚱한 규격의 밥그릇을 양산하라고 명령하는 것은 식은 죽 먹기이다. 또 외식업체 입장에서도 도자기로 그 규격의 밥그릇을 마련하기보다는 값싼 '스텡'이 나았다. 그래서 마침내 한국의 모든 외식업체 밥그릇은 '스텡 공기'로 전국 통일을 이루게 되었다.

가정의 밥그릇도 그 규격이 된 것은 가정에까지 강제한 결과는 아니다. 이런 일은 도자기회사만 건드리면 된다. 이 규격으로 만들라고 정부에서 지시를 내리는 것이다. 당시 혼수품으로 식기 세트가 인기였는데, 그때의 밥그릇은 다 이 규격으로 만들어졌다. 자로 재어보면 참 신통하게도 딱 맞아떨어진다. 심지어 무형문화재의 놋그릇까지 밥그릇은 이 규격으로 현재에도 제작되고 있다.

왼쪽부터 1974년 동아일보, 1976년 경향신문 기사이다. 정부가 나서 밥그릇의 크기를 규정하고 이를 어기면 행정적 처벌을 하였던 국가가 한국 말고 또 어디에 있었을까. 박정희 대통령이 그렇게라도 하여 얻으려던 것은 쌀 자급률 100%라는 수치였을 것이다. 국민의 밥 먹는 양을 줄여서라도 "한국은 이제 쌀밥을 배불리 먹는다" 하고 자랑할 기회를 가지고 싶었던 것이다.

4부 맛 칼럼니스트는 정치를 이야기하는 사람이다

밥 정도는 품위 있게 먹을 때가 되었다

쌀이 부족하던 그때 국가 권력이 국민의 밥그릇 모양과 크기까지 통제하였던 일을 이해 못할 바는 아니다. 그러나 세상은 이미 바뀌어 쌀이 남아돌아가고 있는데 그 볼품없는 밥그릇을 아직도 우리 밥상에 두게 만드는 것은 바르지 않다. 외식업체의 '스뎅 공기'는 그야말로 최악의 밥그릇이다. 비슷한 경제 수준의 국가에서 이런 수준의 밥그릇을 쓰는 데는 없다. 이를 해결하기 위해서는 국가 권력이 다시 나서주는 게 마땅하다. 국민소득 3만 달러의 대한민국이라면 밥 정도는 품위 있게 먹을 수 있지 않겠는가.

서울 인사동에서 외국 관광객에게 팔고
있는 '스뎅 공기'이다. '스뎅 공기'가
한국음식문화의 한 상징이 되고 있다.

정치인과
요리사는

그 뿌리가 같다

현대사회의 시스템은 단번에 이해할 수 없을 만큼 잘게 쪼개어져 엉켜 있지만 그 근원은 복잡하지 않다. 문명을 만들기 전에 단순하게 살았던 인간을 들여다보면 지금의 이 복잡함은 인간이 괜히 벌여놓은 일처럼도 느껴진다.

인간이 문명을 만든 것은 1만 년 전이다. 농경의 시작이 곧 문명의 시작이다. 그 이전에 인간은 채집과 수렵으로 살았다. 문명 이전의 인간이 살았던 기간은 600만~700만 년이다.

호모사피엔스에서부터 치면 20만 년이다. 인간의 여러 일을 이해하기 위해서는 '최근'의 1만 년보다 그 이전의 수십 수백만 년을 들여다보는 것이 중요하다. 그 장구한 세월을 살아오면서 몸에 붙인 행동, 관습, 정신 등이 단 1만 년 만에 확 바뀔리가 없다. 그럼 먼저, 현재의 우리를 이해하기 위해 먼먼 과거로 시간 여행을 떠나보자.

농경시대 이전에 인간은 80~120명의 부족 단위로 살았다. 집단으로 여기저기 떠돌며 채집과 수렵으로 먹을거리를 확보하였다. 채집은 여자가 하였고 수렵은 남자가 하였다. 여자는 아기를 낳고 키워야 하니 수렵에는 적합하지 않다. 부른 배로 아기를 등에 업고 밀림을 헤치며 짐승을 잡는 일은 어렵다. 남자가 사냥한다 해도 잡아오는 것은 많지 않았다. 여자가 채집에서 얻는 먹을거리가 인간의 생존에 더 많은 기여를 하였다.

채집이 생존에 이득이 컸기는 하나 인간 집단이 더 공고해지고 이를 바탕으로 문명으로 가는 길을 연 것은 사냥이다. 채집은 대체로 단독으로 할 수 있으나 사냥은 단독으로 할수가 없다. 본래 인간은 사냥하는 짐승이 아니다. 손톱이며 이빨을 보라. 이것으로 짐승의 머리를 치거나 목을 물어 절명시킬 수가 없다. 빨리 그리고 오래 달릴 수도 없다. 후각이며 시각, 청각도 그다지 민감하지 않다. 단독의 사냥꾼으로서는 빵점짜리 동물이다. 그러니 집단으로 사냥을 한다. 조직하고 전략을 짠다. 그래야 짐승을 사냥할 수 있다.

사냥에 나서는 인간 집단을 상상해보라. 내버려두면 제 각각으로 의견을 낼 것이다. "저 산으로 가자, 이 산이 좋겠다, 꿩을 잡자, 아니다 멧돼지 잡자, 두 팀으로 하자, 아니다 세 팀이 낫다." 온갖 주장이 뒤섞이게 된다. 이때에 필요한 것이 부족장이다. 의견을 듣고 하나의 의지로 통합하고 이를 자신의 통제 하에 실현하는 인간이다.

부족장은 사냥에 나아가 부족원을 이래라저래라 하며 통제할 것이다. 짧은 시간에 많은 짐승을 잡아야 능력 있는 부족장 대접을 받을 수 있기 때문이다. 정치인으로서의 부족장이다.

그런데, 부족장은 여기에 그의 업무를 한정시키지 않는다. 사냥에 성공하면 이 일과 관련하여 의식을 치러야 한다. 먹을거리를 준 자연에 대한 감사, 그리고 이 먹을거리를 지속적으로 얻고 싶다는 염원을 담아 사냥물의 피와 살점 일부를 잘라 '알지 못하는 그 어떤 힘'에 고수레를 한다. 제사장으로서의 부족장이다.

제사를 치르고 나서, 이제는 사냥물을 나누어야 한다. 멧돼지를 잡았다 치자. 이를 구웠다 치자. 다리 넷에 몸통과 머리 각각 하나, 그리고 내장. 이를 부족원에게 골고루 나눈다는 것은 참으로 어려운 일이다. 이리 가르고 저리 나눈다. 모두가 불만이 없도록 넉넉하게 먹을 수 있게 해주어야 한다. 요리사로서의 부족장이다.

요리는 스스로 권력화하지 않았다

문명 이전에 부족장은 정치인이며 제사장이며 요리사였다. 농경이 발달하면서 도시가 커지고, 더불어 인간 조직이 복잡해졌다. 부족장 하나에 정치와 종교, 요리를 다 맡길 수 없게 되었다. 정치와 종교의 분리를 두고 '정교분리'라 하여 역사에서 배운다. 권력화한 정치와 종교는 인간 집단을 통제하며 그 권력으로 자신을 영예로운 듯이 포장하였다. 심지어 정치인과 종교인은 제 스스로 신이나 되는 것처럼 굴기도 한다. 그런데, 요리는 인간의 역사에서 별 중요하지 않은 듯이 밀려났다. 요리는 스스로 권력화하지 않았다. 오히려 천시되었다.

　요리사는 자신이 만든 음식을 먹지 않는다. 그 음식을 먹을 사람들이 따로 존재하고, 그들을 먹이기 위해 요리를 하기 때문이다. 그들이 다 먹고 나서야 요리사가 먹는다. 이는 먼 옛날 부족장의 전통을 그대로 이어받은 것이다. 부족장은 사냥물을 나눌 때에 자신이 먼저 선택하지 않는다. 맨 나중에, 부족원이 나누어진 사냥물을 다 가지고 난 다음에, 나머지 하나가 부족장의 것이 된다.

한국의 정치인에게서 나는 부족장의 그 위대한 전통을 보지 못한다. 다들 제 몫의 사냥물을 내놓으라고 아귀다툼이다. 앞에 나서 일을 도모하여도 내 몫을 버리는 것이 부족장임을 잊었다. 한국에서만 그런 것이 아니다. 문명 이후에 부족장에게 권력이 집중되면서 전 세계에서 일어난 일이다. 이 '배덕의 부족장'을 견제하도록 만든 것이 민주공화국의 선거제도이다. 나의 몫을 주장하지 않고 사냥물을 골고루 잘 분배해줄 듯한 부족장을 스스로 뽑자는 것이 이 제도이다.

요즘 텔레비전에서 보면, 요리사가 자신이 한 음식을 스스로 먹으며 맛있다고 너스레를 떤다. 요리사가 정치인을 닮아가고 있는 것이 아닌가 싶은데, 인류의 긴 역사에서 보면 이런 별종의 일은 오래가지 않는다. 인간은 본능적으로 자신을 이끌 참된 부족장을 알아보기 때문이다.

음식

무정치의
판타지

"맛 칼럼니스트가 왜 정치, 경제, 역사 등 영역을 가리지 않고
읊어대냐고요? 원래 그런 직업이니까요. 누가 그렇게 정했느
냐고요? 내가요. 맛 칼럼니스트는 내가 처음이고, 그러니 내
가 그러면 그런 일을 하는 게 맛 칼럼니스트 맞습니다. 내가
만든 내 직업에 딴지 걸지 마세요. 대한민국에는 직업 선택의
자유가 있으며, 나도 댁들의 직업에 대해 감 놔라 배 놔라 할
생각은 없습니다."

하도 답답하여 SNS에 내지른 말이다. 내가 정치 이야기만 하면 "맛 칼럼니스트가 정치 이야기를 하면 안 되지요", "음식 이야기에 웬 정치?" 하고 시비를 건다. 내 머리와 입에서 정치를 떼어내지 못해 난리이다. 대한민국은 민주공화국이고 민주공화국 시민은 누구든 정치를 할 권리가 있다는 사실을 무시하는 발언들이 횡행한다.

"대한민국은 민주공화국이다." 시위 현장에서 이 말이 구호로 외쳐지면서 우리 귀에 익숙해졌다. 다 아는, 대한민국 헌법 1조 1항이다. 다 안다? 내가 보기에는, 모른다. 말을 들어 그 문장을 아는 것이지 의미는 모른다. 의미를 모르니 이 대한민국 헌법 1조 1항이 수시로 무시된다. 특정인에게 정치적 의사를 드러내지 말라는 말은 민주공화정 대한민국을 부정하는 행위이다. 위헌이다.

정치란, 하는 과정이 복잡하지 그 원칙은 단순하다. 그 원칙은, 나누기이다. 먹을거리로 보자면, 누가 더 먹고 누가 덜 먹을 것인가, 누가 좋은 것을 먹고 누가 나쁜 것을 먹을 것인가 결정하는 것이 정치이다. 그 정치적 결정을 어느 누가 하는가에 따라 정치 체제가 나누어진다. 결정을 왕이 혼자서 하면 전제왕권정치이고, 몇몇 영주들이 모여서 하면 봉건정치이고, 사제나 무당이 하면 신권정치이고, 귀족과 부자 등이 조직한 의회에서 하면 귀족계급정치이고… 직업과 학력,

재산, 종교, 성별 등의 조건과 무관하게 모든 인간에게 동등한
정치적 권리를 행사할 수 있는 시민이 하면 민주공화정이다.
대한민국은 민주공화국이며, 그러니 누구든 정치적 행위를
할 수 있으며, 그 누구도 이를 막으면 안 되는 것이다.

어떤 음식을 선택하여 먹을 것인가

그런데, 문제는, 먹을거리가 정치와 관련 없는 듯이 여기는
시민이 많다는 것이다. 심지어 음식 먹는데 골치 아픈 정치
이야기는 하지 말라 한다. 아니다. 먹을거리만큼 정치에 민감
한 것은 없다. 당신이 어떤 정치적 견해를 가지느냐에 따라
당신 앞의 음식에 대한 평가가 달라질 수 있다. 몇 년 전에 논
란이 일었던 '통큰' 시리즈를 예로 들어보겠다.

　한국의 먹을거리 유통은 대기업이 주도하고 있다. 그들
은 유통 구조 합리화를 명목으로 규격화된 대량생산 대량유
통 먹을거리를 기획하여 소비자에게 싼 가격으로 판매하고
있다고 주장한다. 그 대표적 먹을거리가 대형 유통업체에서
내놓은 '통큰' 시리즈 음식이었다.

　소비자 입장에서는 이 대기업 유통이 주는 값싼 먹을거
리를 선택하는 것이 경제적으로 합리적인 것처럼 보인다. 그
러나 대기업의 그 값싼 먹을거리를 선택하는 순간 소비자는

대량생산 – 대량유통의 재벌 중심 자본주의 체제를 인정하게 되는 것이다. 따라서 이 소비자는 정치적으로 우파에 들며 신자유주의를 긍정한다고 볼 수 있다.

노동의 가치를 중시하고 자본에 의해 기획되는 먹을거리를 거부하는 소비자도 있다. 이런 소비자는 자신이 먹을 음식이 누구에 의해 생산이 되고 어디에서 왔는지 따진다. 자신이 지불하는 돈이 그 먹을거리를 생산하는 노동자에게 잘 전달되는지도 알아본다. 공정무역이니 공정거래니 하는 먹을거리 유통 형태가 이런 것이다. 이런 형태의 소비를 하는 사람들은 좌파에 들며 사회주의를 추종한다고 볼 수 있다.

'통큰' 시리즈의 먹을거리만 그런 것이 아니다. 내가 어디에서 어떤 음식을 선택하여 먹을 것인가 판단하는 일 자체가 정치적일 수밖에 없다. 그러니 정치적으로 더욱 민감하게 먹을거리들을 선택하여야 내가 정치적으로 원하는 사회를 만들어나갈 수 있는 것이다.

또한, 먹을거리를 선택하는 문제가 비정치적인 일인 듯이 말하는 사람들도 적극적으로 정치적 행위를 하고 있다고 봐야 한다. 이들은 대체로 지금의 먹을거리 산업과 관련하여 이득을 보고 있는 사람들이다. 그들은 자신들에게 유리한 정치적 환경을 조성하기 위해 그들에게 이득을 주는 먹을거리 산업에 탈정치적인 포장을 한다. "먹는데 정치 이야기하지

맙시다" 하며 변화를 막는다.

　　민주공화국의 정치는 시민의 일상이다. 정치를 왕이나 귀족이 하던 시대와는 다르다. 민주공화국의 시민이면 모두 정치를 해야 한다. 매일의 밥상에서 정치를 해야 한다. 내 밥상에 왜 이런저런 음식이 올랐는지 정치적으로 따져야 한다. 민주공화국의 주인이 바로 시민이기 때문이다.

정치인의

서민 코스프레를
끝내려면

청년 세대의 투표율이 유난히 낮은 일을 두고 기성세대는 그
들을 타박한다. 투표는 하지 않고 이 사회에 투정만 부린다는
것이다. 청년 세대의 그들은, 여느 인간들처럼, 제 스스로 그
만큼 자란 것은 아니다. 가정과 학교에서 교육을 받고 자랐
다. 민주공화정의 시민으로서 가져야 하는 책임과 의무에 대
해서도 분명 교육을 받았다. 투표를 하여야 그들이 원하는 대
로 국가가 운영될 수 있다는 '정치적 상식' 정도는 충분히 배

워 알고 있다. 그럼에도 그들이 '투표는 남의 일'인 듯이 밀어 버리는 데에는 현실의 정치에 뭔가 문제가 있다는 뜻이다.

"나는 가난한 농민의 자식으로 태어나…" 옛날에 선거 할 때이면 정치인들은 늘 이런 말을 하였다. 1970년대만 하 더라도 국민의 60%가 농민이었고 또 모두 비슷하게 가난하 였다. 정치인과 시민 간에 정서적 동질감을 구축하기에는 안 성맞춤의 말이라 할 수 있다. 어느 틈엔가 이 말이 선거판에 서 사라졌다. '농민의 자식'이 많지 않게 된 까닭이다. 대한민 국 국민 중 농민은 기껏 4%이다. 그 많던 농민들이 땅으로 꺼 지거나 하늘로 날아간 것은 아니다. 신분이 바뀌었다. 산업화 의 결과로 농민은 노동자가 되었다. 대한민국에 사는 시민 대 부분은 이제 '농민의 자식'이 아니라 '노동자의 자식'이다.

그런데, 그러면, 정치인들이 "나는 가난한 노동자의 자 식으로 태어나…" 하고 정서적 동질감을 호소할 수도 있을 것인데, 그러지 않는다. 정치인들의 면면을 보면 대부분이 산 업사회의 전통적 노동자 가정 출신들로 여겨지지는 않는다. 웬만큼의 자산과 학력을 확보하지 못하면 정치판으로 나가 는 일이 어렵다. 사회구조가 경직되었다.

청년은 감성적 판단으로 먼저 움직인다. 기분이 내켜야 행동을 한다. 이성적 판단은 그 다음의 일이다. '정치판의 그 들은 나 같은 가난한 노동자의 자식이 아니다'라는 사실에

일차로 감성 손상을 입는다. 결정적인 감성 손상은 그 다음에
일어난다. 정치인의 서민 코스프레에 그들의 감성은 녹다운
된다.

선거철에 정치인이 재래시장을 찾는 이유

정치인은 평소에 고고하다. 하고 다니는 행색이 다르고 태도
에도 티가 난다. 짙은 색의 양복을 입고 어깨에 힘이 잔뜩 들
어가 있다. 허리를 뒤로 젖히고 팔자걸음 걷듯이 한다. 차는
중형 이상이고 그 색상도 짙으며 항상 뒷자리에서 나타난다.
텔레비전에서 인터뷰할 때이면 턱을 약간 올리고 목소리를
굵게 만든다. 조선 유교사회의 권위주의가 아직 가장 강렬히
남아 있는 곳을 들라 하면 이 정치판이다.

  그런데, 선거 때이면 정치인들은 갑자기 이 권위를 땅바
닥에 팽개친다. 짙은 양복은 발랄한 점퍼나 티셔츠로 대체된
다. 달동네에 가서 얼굴에 연탄 가루를 바른다. 단체 급식소
에서 식판을 든다. 출근 시간에 맞추어 버스와 지하철을 탄
다. 재래시장에 가고, 국밥집에 가고, 호프집에 간다.

  이때이면, 정치인의 허리는 굽는다. 잰걸음을 한다. 말을
할 때도 고개를 치켜드는 일은 하지 않는다. 뒷짐 지는 일도
없다. 두 손은 늘 앞으로 와 있고, 겸손하게도 이 두 손을 맞

잡고 있는 일이 많다. 평소에 보아왔던 정치인과 너무나 다른 모습을 선거 때가 되면 우리는 너무나 당연히 받아들인다.

청년기의 감성은 순수하다. 청년들 제각각이 정치적 입장이 다르다 하여도 거짓과 기만 앞에서 기겁을 하는 것은 같다. 그런 청년들인데, 선거 때에 갑자기 행색과 태도를 바꾸는 정치인들에게 정이 갈 리가 없다. 심하게는 이중인격자로 보일 수도 있을 것이다. 투표할 마음이 생기겠는가.

정치인이 선거철에 서민 코스프레를 하는 것은 그나마 그게 '그림'이 나오고 서민의 마음을 얻을 수 있다고 판단하기 때문이다. 그러니, 정치인의 서민 코스프레에는 시민의 책임도 있다. 시민이 그들의 코스프레를 방조하는 것을 넘어 함께 연출까지 한다.

선거철이면 정치인이 가장 즐겨 찾는 곳이 재래시장이다. '민생 투어'라는 이름을 달기도 한다. 민주공화정 시민의 민생을 '투어' 거리로 취급하는 정치인을 두고 있는 대한민국이라니! 어떻든, 그렇게 재래시장에 가면 시민은 정치인을 마치 아이돌이나 되는 양 반긴다. 그리고, 시민들이 정치인에게 음식을 먹인다. 정치인들은 사서 먹기도 하지만 공짜로도 먹는다. 정치인의 입에 음식을 밀어넣고 싶어 안달이 난 시민들이 수두룩하다. 방송에서 이런 광경을 보고 있자면, 하도 기묘하여 꿈인가 싶다.

그들이 정치를 잘하여 시민의 살림살이가 나아지고 걱정거리가 줄었다 하면 소갈비를 사준다 해도 뭐라 할 사람은 없을 것이다. 그런데, 대부분 그렇지 않지 않은가. 지난번 선거 때에 "이것만은 꼭 실현하겠습니다" 하고 외쳤던 공약들은 공수표로 떠돌고 있고, 평소에 하는 일이라고는 그네들끼리의 권력 싸움이지 않은가. 미운 놈 떡 하나 더 주기인가!

　　"극혐." 서민 코스프레에 인터넷의 청년들이 붙이는 말이다. 극렬히 혐오스럽다는 뜻이다. 이 말은 한국 정치판이 극렬히 혐오스럽다는 말로 확장해 읽어도 될 것이다. 청년들이여, 그런데, 이 혐오스러운 일을 끝내는 것도 투표를 통해 할 수밖에 없다. 순수한 그대들이 원하는 '순수의 정치'를 보자면 투표장으로 가라. 민주공화정에서는 그 방법밖에 없다.

정치인 중에 서민 코스프레 먹방의 효과를 가장
잘 알고 이용했던 이는 이명박이다. 대통령 후보
홍보 영상을 아예 먹방으로 찍었다. 욕쟁이
할머니 식당에서 국밥을 말아먹으며 "이명박은
아직도 배가 고프다"고 하였다. 선거 기간에도
내내 먹었다. 다큐멘터리 'MB의 추억'에 먹방의
현장이 잘 기록되어 있다.

정치인의
받아먹기에서

배울 것
하나

선거 때가 되면 정치인은 시장에 간다. 한국 서민을 대표하는 시장 상인들의 손을 잡으며 표를 달라 애걸한다. 이때 상인들은 자신이 지지하는 후보가 보이면 먹을거리를 주고 먹으라 보챈다. 손에 들려주는 것을 넘어 아예 입안에 밀어넣는다. 옆에 있던 보좌진이 그 음식값을 두둑하게 치를 수도 있을 것이지만, 상인들이 돈 받자고 이를 먹이는 것은 아니다. 먹어주기만 하면 고맙다. 정치인은 자신이 싫어하는 음식이

4부 맛 칼럼니스트는 정치를 이야기하는 사람이다

라 하여도, 또 배가 불러 터질 지경이라 하여도 이를 거부할 수 없다. 한 입이라도 그 자리에서 먹고, 남은 것은 싸가야 한다. 맛있게 잘 받아먹어야 표가 들어온다.

표를 달라 할 것이면, 정치인이 상인에게 음식을 먹여도 시원찮을 판에, 그 반대의 일이 일어난다. 그럼에도 이 장면을 보면서 인상을 찌푸리는 국민은 거의 없다. 지지하는 정치인이 음식을 잘 받아먹을수록 속으로 흐뭇하게 여긴다. 국민의 그 마음을 우리 할머니의 말투로 표현하면 이렇다.

"아이고, 내 새끼. 주는 대로 잘도 받아먹네."

인간이 태어나 처음 먹는 것은 어미의 젖이다. 어미의 품에 안겨 어미의 젖을 빠는 것만으로 어미는 아기가 너무나 사랑스럽다. 젖을 먹지 않으려 하면 어디가 아픈가 하여 큰 걱정을 하게 된다. 젖을 떼고 이유식을 먹을 때도 그렇다. 잘 받아먹는 만큼 어미는 행복하다. 더 자라 스스로 숟가락질을 한다 해도 얼마 동안은 밥 위에 반찬을 올려주어 먹이는데, 넙죽넙죽 받아먹는 것을 보는 것만으로 가슴 한쪽이 뿌듯하다.

그러다, 먹이는 대로 잘 받아먹던 '예쁜 우리 아기'가 어느 날부터 이를 거부하기 시작한다. 스스로 제 입에 맞는 것을 먹겠다고 떼를 쓴다. 초등학교에 입학할 무렵이면 어미의 먹이 결정권은 거의 잃고 만다. 오히려 어미가 먹지 말라는 것만 찾아 먹으려 든다. 사춘기를 넘기면서 어미와 아기는 먹고 먹이는 관계를 완전히 정리한다.

청년이 되면 음식을 먹이고 먹는 관계가 부활한다. 어미와 자식 간에 이 관계가 다시 일어나는 것은 아니다. 그즈음이면 사랑하는 짝이 생기게 되고, 이들끼리 음식을 먹이고 받아먹는 관계가 형성된다. 연인끼리 삼겹살 쌈을 싸서 입에 넣어주고 침 발라 먹던 아이스크림도 먹으라고 준다. 어미가 아무리 먹이려 하여도 머리를 쌀래쌀래 저었던 그 아이가 다 자라 그의 연인 앞에서 어미와 하던 그 행동을 한다. 사랑이란 이름으로.

사랑을 주는 것만으론 부족하다

사랑이란, 간략히 줄이면, 타인의 삶을 대가 없이 무한히 책임지려는 행위이다. 이 무한 책임의 감정은 젖먹이일 때 처음 인간의 마음에 들어온다. 어미 품에 안겨 젖을 빨 때, 웬만큼 자라서도 어미가 이것저것 챙겨 먹일 때, 그 음식을 먹으며 사랑이란 무엇인지 본능적으로 알게 된다. 내 삶을 지탱시켜주는 어미의 젖과 음식이 사랑임을 뇌의 저 아래 깊숙한 곳에 넣어두었다가, 청년이 되어 연인을 만나게 되면 그 유사 행위를 하게 되는 것이다. 젖먹이 때 자신의 어미가 그렇게 했듯이 연인에게 음식을 먹이며 "네 삶을 책임져주마" 하는 것이다.

사랑은 주는 것만으로 만족할 수 있는 감정이 아니다. 주는 것을 잘 받아들이는 상대가 있어야 사랑이 성립한다. 아니다. 근원적으로는 (젖을, 음식을, 나아가 마음을) 받아먹을 수 있는 상대가 없으면 사랑이라는 감정도 생성되지 않는다. 그럼에도 우리는 늘 사랑은 주는 것이라고만 생각한다. 사랑을 받는 것에는 소홀하다. 어미가 주는 대로 아무 의심 없이 넙죽넙죽 잘 받아먹던 아기 때의 일을 기억하지 못하고 있는 것이다. 그래야 어미가 너무나 행복해한다는 것을 잊고 있는 것이다.

어느 시대 어느 나라에서든 구세대는 신세대의 '일탈'을 걱정한다. 음식에 관한 것은 더 심하다. 구세대는 자신들이 먹던 그 음식을 신세대가 더는 먹지 않으려 하는 것에 걱정한다. 구세대는 이를 두고 신세대가 사랑을 거부한다고 여길 수도 있다. 이를 뒤집으면 어떨까. 구세대가 신세대의 음식을 넙죽넙죽 받아먹는 일을 해보는 것이다. 내 식성에 맞지는 않지만, 그들이 맛있다 하는 것을 먹어보는 것이다. 학교 앞 불량스런 분식집에서, 정크푸드의 편의음식점에서, 조미료 범벅의 프랜차이즈 중국집에서 그들과 마주앉아 음식을 먹는 것이다. 그들이 "이게 맛있어, 저게 맛있어" 하며 그 '요상한(?)' 음식을 입안에 밀어넣어주면, 시장의 정치인들처럼 정말 맛난 듯이 먹어주는 것이다. 그들의 사랑인 듯이 받아먹어 주는 것이다.

"주는 대로 먹겠다."

우리가 아기일 때는 다 이랬다. 그래서 어미의 마음은 사랑으로 가득하였고 행복하였다. 시장의 정치인들은 아기 흉내를 내며 국민들에게서 사랑을 훔치려 하고 있다. 그래야 표를 준다는 것을 그들은 잘 아는 것이다. 극악한 인간관계의 정치판에서도 사랑을 이용하고 있는데, 우리의 일상사에서는 왜 이게 부족한지. 받아먹기만 잘해도 사랑이 충만할 것이거늘.

너무나 정치적인
음식,

칼국수

한국 정치판에 가장 많이 오르내린 음식을 들라 하면, 칼국수만한 것이 없다. 특히 박정희와 김영삼 대통령은 '칼국수 정치'를 하였다는 말까지 들을 정도였다. 어떤 특정의 음식에 정치적 맥락이 저절로 생기는 것은 아니다. 시대적 필요에 의해 음식은 정치적 그 무엇이 된다.

조선에서만 하더라도, 아니다, 일제강점기 때만 하더라도 칼국수는 귀한 음식이었다. 밀이 귀하였기 때문이다. 얼마나 귀하였는지 '진가루'라 불렀다. 양반가 중에서도 방귀깨나 뀌어야, 그것도 손님이 왔을 때에나 칼국수를 밀었다.

한국전쟁 이후 밀가루 사정이 확 달라졌다. 미국의 잉여 밀가루가 값싸게 주어졌다. 그렇다고 당장에 칼국수가 서민의 음식으로 번지지는 못하였다. 여유가 없었다. 전쟁으로 완전히 폐허가 된 이 땅의 사람들은 밀가루로 반죽을 하고 홍두깨로 반대기를 만든 후에 접어서 칼로 써는 정도의 여유도 없었다. 반죽하여 손으로 대충 뜯어서 국물의 음식을 만들어 먹었다. 수제비이다.

'국민 여동생'으로 살았던 최진실은 한국인이 가지고 있는 수제비에 대한 이 정서를 극적으로 보여준 인물이었다. 최진실은 1968년, 가난의 시대 막바지에 태어났다. 그는 배우로 유명해졌지만, 가난을 부끄러워하지 않았다. 고추장을 넣고 끓였던 수제비 이야기를 수시로 하였다. 최진실 연배이거나 그보다 이르게 태어난 사람 중에 고추장 수제비를 안 먹어본 사람은 드물었다. 고추장 수제비를 말하는 최진실에게 그 시절의 누이를 떠올리는 것은 당연한 일이었다. 최진실이 '국민 여동생'으로 각인되는 데에는 이 수제비가 한몫하였다.

최진실이 태어난 다음 해인 1969년 박정희 정부는 혼분식 장려 정책을 적극적으로 펼쳤다. 매주 수요일과 토요일을 분식의 날로 정해 강제하였다. 쌀을 아끼자는 절미운동은 일제강점기부터 있어온 정책이었지만, 박정희 정부는 분식의 날을 정하면서 그 강도를 올린 것이다. 전국의 모든 식당에 수요일과 토요일에는 분식을 팔게 했다. 가정에서도 이날에는 분식을 하도록 대대적인 캠페인을 벌였다. 학생들이 싸가는 도시락도 혼분식을 하였는지 점검하였다.

이때 박정희가 내민 혼분식 대표 음식이 칼국수였다. 당시 언론은 박정희가 육영수가 해주는 칼국수를 먹는다고 수시로 보도하였다. 이에 따라 신문에는 칼국수 조리법이 때때로 실렸으며, 식품영양학자들이 나서서 칼국수는 건강에 좋고 전통적이며 맛있는 음식이라는 관념을 국민의 머리에 각인시켰다.

그 당시 많은 한국인은 최진실처럼 수제비를 먹고 있었을 것인데, 박정희가 혼분식의 대표 음식으로 수제비를 버리고 칼국수를 선택한 것은 매우 정치적인 일이라 할 수 있다. 비록 미국에서 들여온 값싼 잉여 농산물로 조리한 음식일망정 대통령의 음식이니 근본도 없어 보이고 때깔도 나지 않는 수제비를 먹는다는 것은 권위가 서지 않는 일이라 판단하였을 것이다. 그 밀가루 반죽을 홍두깨로 밀고 칼질을 하면 때깔이 그런대로 살아 '요리'처럼 보인다는 데 박정희와 육영수는 필이 꽂혔을 것이다. 그렇게 하여 칼국수는 정치의 음식으로 등장하게 되었다.

칼국수는 외식 아이템일 뿐이다

한국 칼국수의 상징처럼 거론되는, 서울의 명동과 성북동에 있는 두 칼국숫집은 분식의 날이 제정되던 1969년에 개업하였다. 이 두 식당은 조선 양반가의 전통이 그 칼국수에 담겨 있는 듯이 소문을 냈다. 성북동은 경상도식 건진국수 전통을 따랐다 했고, 명동은 충청도식 제물국수 전통이라 주장하였다. 이 두 칼국숫집은 개업하자마자 정치인의 단골 식당이 되었다. 당시는 여야 관계없이 분식의 날에 적극적으로 참여하는 모습을 보여야 국민의 지지를 얻을 수 있었는데, 명색이 정치인이니 서민과는 그 격이 다른, 그러니까 전통이라 할 만한 '국물'이라도 담겨 있을 법한 칼국수를 먹으려 했던 것이다. 김영삼의 칼국수 정치도 그 맥락이 여기에서 벗어나지 않는다. 서민인 듯도 싶고 서민이 아닌 듯도 싶게 칼국수를 먹었던 것이다.

1970년대 칼국수는 여염집 여자이면 마땅히 하여야 하는 전통음식으로 완전히 자리를 잡게 되었다. 당시 혼기를 앞두었거나 신혼에 있는 처자에게 "어떤 음식을 잘하세요?" 하고 물으면 수줍게 "칼국수"라고 대답하곤 하였다. 또 한편으로는 이때 서민의 칼국수가 서서히 자리를 잡아갔다. 소형 칼국수 기계가 등장하고 멸치, 북어 등 값싼 육수 재료가 공급되면서 자장면 가격에 맞서는 칼국수가 번져나갈 수 있었다. 분식집 칼국수, 재래시장 칼국수는 1980년대에 들어 서민의 음식으로 완전히 자리를 잡게 된다.

현재 한국의 가정집에서는 칼국수를 해먹지 않는다. 그 번잡한 일을 감당할 것이면 차라리 폼이라도 나게 파스타를 해먹으려 할 것이다. 칼국수는 외식 아이템일 뿐이다. 외식시장에서의 칼국수는 크게 두 종류로 존재한다. 고급한 전통의 칼국수와 저렴한 서민의 칼국수. 물론 가격 차이만큼 국물이며 재료의 차이가 크다.

한국의 정치인들은 선거 때만 되면 시장에서 음식을 먹으며 서민 코스프레를 한다. 그때 국밥이나 어묵, 붕어빵, 잔치국수까지는 흔히 먹는데 시장 칼국수는 잘 먹지 않는다. 선거가 끝나고 나서 서민인 듯도 하고 서민이 아닌 듯하게 보여줄 정치의 음식으로 칼국수를 남겨두고픈 것이 아닌가도 싶다. 그래서인지 고급한 전통의 칼국수를 내는 식당에는 여전히 그 오랜 정치인들이 들락거린다.

"왕이나 거지나 하루 세끼 먹는 것은 같다." 너나없이 없이 살 때는 빈곤한 밥상 앞에서 스스로 위무하기 위해 이런 말을 곧잘 했다. 시대가 바뀌었다. 같은 음식이라도 그 질에 하늘과 땅의 차이가 있다는 것을 다 안다. "우리 모두 칼국수를 먹지 않나요?" 하는 정도로는 '왕'과 '거지'를 동질화

할 수 없다. 정치는 나누기이고, 정치인이 얼마나 평등하게 잘 나누는지 시민은 늘 감시하고 확인하는 일을 하여야 한다. 귀찮아도, 민주공화정은 원래 그런 것이다.

칼국수는 값싼 서민의 음식이기도 하고 고급한 상류층의 음식이기도 하다. 정치인은 칼국수를 먹으며 친서민적인 이미지를 만들기도 하고 또 칼국수를 먹으며 대중에게 신분이 다른 사람인 듯이 보이려고도 한다. 칼국수는 한국 정치인의 이중성이 깊이 투영된 음식이다.

일제는

왜 한반도에

――――――――

천일염전을
두었나

어느 날 문득, 천일염이 전통 소금이 되었다. 천일염은 우리의 것이니 이를 지켜야 한다고 말한다. 한민족 역사를 상징하는 단어인 '오천년'을 상표로 내건 천일염 제품도 있다. 이건, 신비이다. 일본에서 온 것이라 하면 그 어떤 것이든 청산의 대상으로 삼는 한국인이 천일염에서만은 그 강력한 '민족혼'을 무장해제하고 있다.

천일염은 일제강점기에 일본인이 이 땅에 이식한 소금

이다. 1907년 대한제국 통감부는 일본인 기술자의 제안에 따라 인천 주안에다 천일염전을 시범적으로 축조하였다. 경술국치 이후 일제는 시범 지역이었던 주안과 그 인근의 군자와 소래, 또 황해도 연백, 평안도 광량만 등지에 대규모 천일염전을 조성하였다. 전남 신안의 천일염전은 한국전쟁 이후에 섰다.

일제강점기 이전에 한민족이 먹었던 소금은, 그러니까 한민족 전통의 소금은, 전오염煎熬鹽이다. 개흙에 묻은 소금기로 함수(염도 높은 바닷물)를 만들어 이를 끓여 만든 소금이다. 바닷물을 끓이니 화염火鹽 또는 자염煮鹽이라고도 하였다. 이 전오염을 생산하는 염막은 동해, 황해, 남해 가리지 않고 있었다. 단단한 개흙이 넓게 펼쳐져 있고 땔감용 나무가 풍부한 지역이면 금상첨화였다.

'일제의 천일염'은 역시 일본인이 건설한 철도를 타고 전국 방방곡곡으로 운송되었다. 연료 값이 안 드는 천일염은 전오염에 비해 쌌고, 그러니 천일염에 의해 전오염은 순식간에 밀려났다. 그럼에도 전오염은 1960년대까지 일부 명맥을 유지하였다. 끓이는 소금이니 깨끗한데다 개흙의 유리아미노산에서 유래한 감칠맛 덕에 이를 찾는 이들이 꾸준하였다. 전오염 생산지 사람들은 전오염을 조선염, 천일염을 왜염이라 부르기도 하였다.

일본에서 天日은 이런 뜻

소금 다큐멘터리를 제작하기 위해 일본에 가서 염업 관계자들을 만난 적이 있다. 나는 일본의 천일염전이 궁금하였다. 한반도에 이식한 그 염전이 일본에 아직 있는지 물었다. 그런데, 대답이 의외였다. 일본에 천일염전이 현재에 없는데, 과거에도 없었다고 하였다. 그러니까 그들이 한반도에다 조성하였던 그 천일염전을 일본에다가는 조성한 적이 없었다.

일본산 소금 중에 '天日천일'이라 표기한 상품이 있으나 이는 한국에서 말하는 천일염과는 전혀 다른 의미로 쓰였다. 일본어 天日덴삐는 한국어로 햇볕이고, 소금 제조 공정에서 햇볕이 어떤 식으로든 작용을 하면 天日이라 단어를 포장지에 쓴다. 일본의 전통 소금도 끓이는 소금이다. 한반도 전통의 전오염 제조 공정과 거의 같다. 소금기를 농축하기 위해 개흙을 말리는 공정도 똑같다. 이 소금도 햇볕에 말리는 공정이 있으니 天日이라 포장지에 쓴다. 한국의 소금으로 보자면, 전오염과 천일염 둘 다 그 포장지에 天日이라 표기할 수 있다.

일제가 한반도에 이식한 천일염전은 대만의 제염법을 모방한 것이다. 대만도 일본의 식민지였다. 일본 취재 이후 일본은 왜 천일염전을 식민지에만 두고 자신의 땅에는 만들지 않았는지 궁금해졌다. 대만은 기후대가 다르니 차치하고,

일본열도나 한반도나 그 기후가 몬순으로 크게 보아 비슷하며 일본열도에도 염전을 조성할 만한 갯땅이 제법 있는데, 왜….

한반도의 자연은 천일염 생산에 불리하다

인간의 먹을거리 확보는 자연에 종속될 수밖에 없다. 인간은 자연물을 먹고 살기 때문이다. 소금도 마찬가지이다. 세계 각 지역에서 자신들이 사는 자연환경에 따라 소금을 구하여 먹었다. 암염, 호수염, 해염 등 다양한 소금이 존재하는 것은 그 까닭이다.

천일염은 암염이나 호수염 등이 없는 바닷가 지역에서 만들어 먹는 소금이다. 그 역사는 길다. 프랑스 게랑드 염전은 1,000년 이상 되었다. 제조 방법이 아주 간단하여 특별난 기술이 없어도 소금을 얻을 수 있으니 바닷가에 살면 누구든 이를 시도할 수 있다. 바닷물을 가두어 햇볕으로 물을 증발시키기만 하면 소금이 만들어진다. 그런데, 한반도에서는 천일염의 역사가 없다. 일제강점기 일본인들이 이 땅에 들고 들어왔다. 우리 조상이 멍청하여 천일염 제조법을 생각도 못 한 것일까.

두산백과사전 두피디아가 천일염전에 대해 꽤 정확한

정보를 담아두고 있다. 인용한다.

천일염전의 적지 조건은 토질 · 기후 · 원료해수 · 지세地勢 · 지반고地盤高 · 교통 등을 들 수 있다.

천일염전의 토질은 점토 40%, 미사분微砂分 60% 정도가 혼합된 것이 적당하다. 점토는 토양 입자 지름 0.01mm 이하를 말하고, 미사는 입자 지름 0.05~0.01mm의 토양을 말한다.

천일제염에 적합한 기상은 강우 횟수 및 강우량이 적고, 대기는 건조하며, 연평균 기온은 25℃ 내외를 유지하여 연간 증발량이 3,000mm 이상이면 이상적인 기상 조건이라고 할 수 있다. 이와 같은 조건에 꼭 합치하지 않더라도 건계乾季와 우계雨季만 뚜렷하다면 천일제염에 적합하다. 한국과 같이 강우량과 증발량이 1,200~1,400mm 선이고, 강우 횟수가 많으며, 연평균 기온이 5℃라고 하는 조건은 천일제염의 조건으로는 부적합하다고 하겠다.

토질 · 기후 외에 중요한 것은 원료해수의 염농도이다. 각 대양大洋의 해수 염농도는 홍해가 3.9%, 지중해 3.6%, 태평양 · 인도양 등은 3.5%이다. 같은 대양이라도 위도에 따라서 농도가 약간씩 다르게 나타나기도 한다. 적도 부근은 강우량이 많아서 3.4% 정도이고, 적도에서 남북으로 위도가 커짐에 따라서 약간씩 농도가 높아져서 북위 25° 부근에서는 3.68%, 남위 15° 부근에서는 3.67%로 최고의 농도가 되며, 또 위도가 이보다 더 커지면 약간씩 감소하여 3.5% 정도를 유지하게 된다.

한국 서해안의 농도는 남부가 3.3%, 중부 이북 해안이 3.1%이지만 염전 주변의 농도는 육수陸水로 희석되어 보통 2~3%이다. 더욱이 장마기에는 농도 2% 이하의 해수를 제염 원료로 하기도 한다.

필자는 한국의 자연에 대해 솔직하다. 한반도는 천일염을 생산하기에 적당한 기후를 가지고 있지 못하다고 잘라 말한다. 건기가 지속되고 기온이 높아야 하는데 한반도는 그렇지 못하다. 바닷물의 염도 조건을 보면, 동해안에서나 염전을 만들 수 있지 서해안은 부적합하다. 그런데, 염전은 서해안에 몰려 있다. 한국의 서해안이 갖추고 있는 천일염전 호조건은 딱 하나, 평평한 갯땅밖에 없다.

청정 갯벌이 썩고 있다

한반도의 조상이 천일염전을 만들지 않은 것은 자연에 적합하지 않기 때문이다. 일제는 이를 극복하고자 온갖 방법을 동원하였다. 증발지와, 이 증발지에서 염도를 올린 함수를 저장하는 해주도 만들었다. 바닥이 무르니 개흙이 뜨고, 그래서 결정지에 옹기 조각을 깔았다. 옹기 조각은 나중에 타일과 장판으로 대체되었다.

일제는 그렇게 억지로 염전을 만들면서도 지역은 황해도와 평안도, 경기도 일대로 한정하였다. 이 지역이 그나마 갯땅이 단단하였기 때문이다. 갯땅은 전남 신안 일대가 가장 발달해 있으나 일제는 여기에는 염전을 만들지 않았다. 여름의 강수량과 바닷물의 염도, 그리고 갯땅의 상태를 염두에 둔 것으로 추측할 수 있다. 신안 일대의 갯땅은 물러 타일조차 깔기가 어렵다. 이 지역의 염전에 온통 비닐이 덮여 있는 것은 이 때문이다.

신안의 염전은 한국전쟁 이후 조성되었다. 이북의 염전을 잃으면서 소금이 부족하게 되자 이 지역에 눈을 돌린 것이다. 가서 보면, 억지로 만든 염전으로밖에 안 보인다. 함수가 담겨 있는 해주 안에 머리를 디밀면 시궁창 냄새가 진동한다. 함수의 염도가 높다 하여도 오래 갇혀 있으면 썩는다. 해주 주변의 땅도 썩어 있기는 마찬가지이다. 비닐이 깔린 결정지의 흙은 더 심하다. 공기와 햇볕에 완전히 차단되어 있으니 썩을 수밖에 없다.

천일염전은 갯벌을 죽인다. 자연조건이 적당하지 않으면 더 심하게 죽인다. 일제가 한반도와 자연조건이 크게 다르지 않은 그들의 땅에 염전을 조성하지 않은 까닭은 이것밖

에 없어 보인다. 일본은 그들의 전통 소금, 그러니까 한국의
전통 소금인 전오염과 같은 제조법의 소금이 명맥을 이어오
고 있다. 현대화한 소금도 대부분 끓이는 방식의 소금이다.
한국의 천일염은, 그런 방식의 소금이 있는지조차 일본인은,
모른다.

염부를 농부에
비유한다.
염전鹽田이라는 말에
'밭 전'자가 붙어 있기
때문일 것이다. 소금은
무기물이다. 광물이다.
염부는 바닷물에 녹아
있는 소금이라는
광물을 농축하여
거두는 일을 하는
직업인이다. 그러니,
광부이다.

4부 맛 칼럼니스트는 정치를 이야기하는 사람이다

과학자들이 울고 갈

천일염 미네랄
마케팅

"천일염이 왜 좋아요?" 하고 물으면 열에 아홉은 이렇게 대답을 한다. "미네랄이 많아서요." 그러면 다시 묻는다. "얼마나 많아요?" 또 대답은 늘 이렇다. "하여간, 많대요." 호흡을 길게 하고 묻는다. "뭐가 미네랄이지요?" 대답은 또 대충 이렇다. "미네랄이 미네랄이지요."

보통 사람들에게 음식 정보란 이런 식일 수밖에 없다. 어디서 듣기는 들었는데 부정확하다. '천일염=미네랄' 이 정도만 기억한다. 세상의 모든 것을 정확하게 알 필요가 없기는 하다. 문제는 그 부정확한 인식이 허위 사실을 기반으로 한 것이고, 결국은 바보 취급을 당하고 있는 것이라 생각하면… 나는 적어도 용서가 안 된다.

미네랄에는 미네랄이 많다?

"천일염은 한때 광물이었습니다. 천일염이 드디어 식품으로 바뀌어…."

이 말을 처음 들은 것이 2008년이었다. 천일염을 식염으로 식품공전에 올리면서 이 말을 누군가 하였고, 현재에도 그때의 일을 설명할 상황에서는 이 말을 흔히 한다.

이 문장은, 천일염이 예전에는 광물이었는데 이제는 광물이 아니라는 주장을 담고 있다. 그러나 정부가 광물을 지정하고 해제하는 일을 하지 않는다. 무엇을 두고 광물이다 비광물이다 판단하는 것은 과학의 영역이다. 천일염은 용도에 따라 식품이 되고 공업용도 되고 제설용도 될 수 있는데, 그 용도와는 관계없이 천일염의 광물 여부는 과학적 분류법에 따라야 한다.

천일염은 소금이다. 소금의 분자식은 NaCl이고, 광물이다. 천일염은 식용이든 공업용이든 제설용이든 광물이라는 과학적 사실에는 변함이 없다. 천일염 이외의 여러 소금도 똑같다. 암염, 정제염, 재제염, 죽염 등도 광물이다. 채취 및 가공 방법에 따라 그 이름이 다를 뿐이다. 식염은 '식용 광물'이고, 식염에 여러 유형이 있다고 여기면 된다.

"천일염에는 미네랄이 많다."

이 말도 2008년 무렵에 만들어졌다. 저 미네랄이 대체 뭐냐 하면, 광물이다. 광물에 해당하는 영어가 미네랄mineral이다. 천일염이 광물이고, 미네랄도 광물이다. 그래서 저 문장은 이렇게 바꿀 수 있다. "광물에 광물이 많다." 천일염 그 자체가 광물이니 이 말이 딱히 틀린 것은 아니다. 그런데, 우리는 "물에 물이 많다", "설탕에 설탕이 많다"고 말하지 않는다. 이렇게 말하면, 바보 같아 보일 수 있다. "천일염에 미네랄이 많다"고 말하는 이들도 그렇게 보일 수 있으니 앞으로 조심하시라 조언을 드린다.

중금속도 미네랄이다

그렇다면 미네랄 공부부터 하고 넘어가자. 미네랄, 즉 광물은 식품과 관련될 때에는 무기질이라 표현한다. 생물이 만들지 않기 때문에 붙은 이름이다. 대체로, 생물이 만들면 유기질이다. 미네랄, 즉 광물, 즉 무기질은 원래 자연에 있는 것이다. 자연계에는 100여 종의 원소가 존재하고 그중의 일부가 무기질이며, 또 이 중의 일부는 인간에게 꼭 필요하다. 칼슘 Ca, 인P, 나트륨Na, 칼륨K, 마그네슘Mg, 황S, 염소Cl, 철Fe, 아연Zn, 요오드I, 셀레늄Se, 구리Cu, 망간Mn, 불소F, 크롬Cr, 몰리브덴Mo, 코발트Co, 붕소B, 니켈Ni, 바나디움V, 실리콘Si 등이 그것이다.

보통은 미네랄이라는 단어에 '인간에 유용한'이란 뜻이 있는 듯이 여기나, 실제로는 그렇지가 않다. 몸에 축적되면 건강에 치명적 영향을 주는 중금속도 미네랄이다. 미네랄이든 무엇이든 적절한 양이 중요하다. 평소에 음식을 골고루 먹으면 대충 균형이 맞다. 미네랄 균형이 깨져 이상이 생기면, 병원에 가서 진료를 받고 미네랄 처방을 받으면 된다. 건강한 몸이면 미네랄 걱정은 괜한 일이다. 괜한 걱정은 일상의 행복을 갉아먹을 뿐이다.

'괜한 미네랄 걱정'의 역사는 오래되지 않았다. 조선에서는 인체에 미네랄이 필요한지 어떤지 모르고 살았다. 일제 강점기 들어 미네랄에 대한 개념이 대중에 퍼졌다. 이때에는 미네랄이라 하지 않고 무기질이라 하였다. 무기질이 건강에 필요하니 식품으로 챙겨 먹기를 권장하는 수준이었다. 한국 전쟁 이후 미네랄이란 말이 크게 번졌다. 거지 깡통도 미제이면 동냥이 쉽다던 시대였고, 그래서 '무기질보다 미네랄'이었을 것이다.

한국전쟁 후는 베이비붐 시대였다. 자식들을 많이 낳았고 또 '우량아'로 튼튼하게 키워야 한다는 국가적 분위기가 형성되었다. 장사치들이 이런 붐을 그냥 둘 리가 없었다. 건강한 자식으로 키우기 위해서는 비타민과 미네랄이 든 종합영양제가 필요하다고 광고를 해대었고, 아이를 키우는 집에서 이 영양제는 필수품이었다. 구수한 맛의, 씹으면 치아에 딱 달라붙어 잘 떨어지지 않던 그 알약을 기억하는 어른들이 많을 것이다.

1990년대 들어 미네랄 정수기가 떴다. 정수된 그냥의 물을 마시면 건강을 해칠 수가 있다고 소비자를 위협하였다. '미네랄이 살아 있는 정수기'라며 감히 신의 영역에 도전하여 미네랄에 '생명'을 불어넣기도 하였다. 2019년 현재도 미네랄 마케팅은 식을 줄을 모른다. 포털에서 검색하면 하루에 몇 개씩의 미네랄 상품이 뉴스에 뜬다. 우리는 미네랄 판타지 속에서 산다.

'미네랄 풍부', '미네랄 함유'는 금지어

2008년 이후 한국인은 "천일염이 광물에서 식품으로 바뀌었다", "천일염에 미네랄이 많다"는 이 비과학적인 진술을 아무 의심 없이 받아들였다. 이 말을 만들고 퍼뜨린 이들이 과학자이기 때문이다. 나도 처음에는 이 말을 의심하지 않았다. 과학자이니 이 정도 기본적인 것은 바르게 말하겠지 싶었다. 그런데, 세상에, 그들이 영 엉터리였다.

일본에는 식용염공정취인협의회라는 단체가 있다. 소금을 생산 판매하는 업체들의 공정한 경쟁을 위해 조직한 단체이다. 200개 가까운 소금 업체 및 단체가 가입되어 있으며 등록 상품이 1,000여 종이나 된다. 일본에서 소금을 제조하거나 판매하는 업체 또는 단체는 대부분 여기에 가입되어 있다. 이 협의회 회원이면 반드시 지켜야 하는 규약이 있고, 그 규약 안에서 나는 소금에 '미네랄 함유', '미네랄 풍부' 등의 말을 사용하면 안 된다는 항목을 보았다.

관계자에게 물었더니 대답이 이랬다. "NaCl이 미네랄인데 그 외 극소량 들어 있는 기타의 미네랄(많아 봤자 2~3%)을 두고 미네랄이라 하는 것은 비과학적인 일이지요." 또 그 규약은 그 어떤 소금에도 '천연', '자연'이라는 단어를 쓰지 못하게 하고 있다. NaCl이 어디에서 어떻게 만들어지든 본디 자연의 광물이니 소금에 그런 단어를 붙이는 것이 비과학적이라는 판단에 따른 것이다.

일본의 식용염공정취인협의회 사무실에서 앉아 비과학적인 우문을 하는 나에게 그들은 또박또박 과학적 설명을 해

주었다. 그들 앞에 나는 초등학생이 된 기분이었다. 부끄러웠
다. 명색이 음식 전문 글쟁이인데 소금에 대한 과학적 상식조
차 엉터리로 알고 살아왔던 게 창피하였다. 마침내 부아가 치
밀었다. 한국의 과학자들, 과학으로 박사 학위까지 받았다는
그들은 국민을 상대로 대체 뭔 짓을 하고 있는 것인가! "천일
염이 광물에서 식품으로 바뀌었다"라느니 "자연 소금 천일
염에는 미네랄이 많다"라느니… 국민을 바보로 여기지 않고
서는! 그대들이 바보이든가!

이 쥐방울만한 미네랄

그래도 천일염에 '염화나트륨 외 기타 미네랄'이 조금이라도
있으니 건강에 좋지 않겠느냐며 미련을 두는 이들을 위해 천
일염에 들어 있는 미네랄 양을 미네랄 섭취 권장량에 비교하
여 계산해보았다. 1일 미네랄 섭취 권장량은 대한영양사협
회 등에서 내는 '한국인 영양 섭취 기준'을 근거로 하였는데,
30~49세 여자를 기준으로 하였다. 한국인은 1일 평균 12g의
소금을 먹는다. 여기서는 하루 소금 10g을 천일염으로 먹는
다고 가정하여 계산하였다. 천일염 미네랄 양은 소금마다 많
은 차이가 있다. 그래서 식품 대기업에서 내는 천일염 상품을
기준으로 하였다.

<1일 천일염 10g 섭취 시 기타 미네랄 섭취량>

구분	칼륨	칼슘	마그네슘
1일 미네랄 권장량(A)	3,500mg	650mg	280mg
1일 미네랄 섭취량(B)	17.1mg	17.6mg	51.6mg
비율(B/A)	0.5%	2.7%	18.4%

천일염으로 10g씩 먹을 때에 칼륨은 권장량 대비 0.5%, 칼슘은 2.7%를 채울 뿐이다. 이 정도 수치이면 있으나마나 한 미네랄이다. 마그네슘은 권장량 대비 18.4%로 제법 많아 보이나, 더 이상의 천일염을 먹으면 건강에 좋지 않으니 80% 이상을 다른 음식으로 채워야 한다고 생각하면 의미 있다고 볼 수 있는 양은 아니다. 일부 엉터리 과학자들이 내놓은 자료를 보면 마그네슘 함량이 상당히 많은 천일염도 있다. 이걸 먹겠다 하면, 나는 말리겠다. 소금에 마그네슘이 많으면 쓴맛이 나서 음식 맛을 버린다. 천일염을 3년씩, 5년씩 묵혀 빼는 간수의 주성분이 마그네슘이다. 빼서 버려야 하는 마그네슘을 두고 이게 많아 좋다고 강변하는 과학자들… 정상적인 사고를 가지고 있다고 볼 수 없다.

나
가
머

대부분의 한국인이 한국인으로 살게 된 것은 한국에서 태어났기 때문이다. 자신의 의지와 관계없이 어쩌다가 한국인이 되었다. 만약에 다른 나라에서 태어났으면 어땠을까. 지금 한국인으로서 가지고 있는 입맛을 똑같이 가지고 있을까.

이 지구상의 모든 인간은 똑같은 뇌와 감각기관을 가지고 태어난다. 그래서 어느 지역에서 연구되든지 간에 뇌과학 신경과학 의학 등의 인간과학은 보편성을 가진다. 그 똑같은 인간이 어느 지역에 태어나 살아가는가에 따라 입맛이 달라진다. 그 지역의 자연이 다르고, 또 정치 경제 사회 문화적 조건이 다르기 때문이다.

맛 칼럼니스트로 30년 가까이 살아오면서 나 자신에게 던졌던 주요 질문은 이것이었다. "나는 왜 이 음식을 맛있다고 생각하게 되었는가." 본능 너머에 존재하는 음식 기호에 대한 탐구였다. 한국인으로 살면서 한국 사회가 나를 추동하고 제어하는 것들에 대한 관찰이었고 사색이었다. 눈은 어둡